岸 博幸

オリンピック恐慌

GS
幻冬舎新書
483

まえがき

まず最初にこの本を読んでくださる皆様にお詫びしなければならないのですが、本のタイトルが非常に仰々しくなってしまい、本当に申し訳ありません。東京オリンピック後の日本経済について、少しでも多くの人に危機意識を持っていただきたい故《ゆえ》なので、どうかご容赦いただければと思います。

ところで、私事を書くようで恐縮ですが、私には今、7歳と5歳の子どもがいます。結婚が遅かったため（ちなみにバツはありません）、55歳という高齢にしてまだ小学1年生と幼稚園児という小さな子どもがいるのです。

ですので、日本経済の先行きを考えるときも、ずっと経済政策に携わっている〝政策屋〟として単に景気をどう良くするかといった視点よりも、父親としての視点からより長期的な将来を考えることが多くなります。

例えば、10年後に私は年金受給資格を得ることになりますが、子どもはまだ高校生とお金がかかる真っ盛りです。当然、その頃に自分はまだ稼げているのだろうか、そもそも10年後の日本経済はどうなっているかなどと心配になります。

また、20年後に私は後期高齢者になりますが、その頃には子どもたちも社会人として活躍しているはずです。となると、その頃の日本経済は大丈夫だろうか、子どもたちがちゃんと稼げるようになっているだろうか、後期高齢者になった自分も余生の心配をしなくてよくなっているだろうかと考えてしまいます。

このような視点から考えるようになると、自分自身がさんざっぱらテレビに出演していながらこう言うのもなんですが、経済や政策、政治に関する新聞やテレビの報道を見ていると違和感を感じざるを得ません。

というのは、それらメディアの報道の大半は、目の前のこと（直近の経済成長率がどうなった、株価が上がったなど）か、事件性があるセンセーショナルなこと（森友・加計《かけ》学園問題、政治家のスキャンダルなど）ばかりで、先の話となると、２０２０年東京オリンピックという明るくて楽しい話くらいです。

しかし、ある程度経済や政策のことが分かる人ならば、２０２０年以降の日本経済はかなり厳しい状況になり、２０２５年に団塊の世代が全員後期高齢者になると、社会保障制度の持続性の観点から更に厳しくなるであろうことは、すぐに分かります。

実際、私は、日本経済を本当に再生するために残された時間は東京オリンピックまでのあと

2年くらいであり、その2年の間に政治や企業、地方自治体がどこまで正しい方向で頑張ってくれるかが勝負だと思っています。同時に、実際には日本経済の再生がうまく行かない可能性もあることを考えると、その2年の間に私たち国民の側も、もしそうなった場合でも自分や家族が困らないで済むように、必要な準備をしておくべきであると真面目に考えています。かなりの危機感を抱いているのです。

もちろん、そのように考えるのは悲観論が過ぎるとお叱りを受けるかもしれません。しかし、日本経済の再生に失敗した場合にそのしわ寄せをまず受けるのは私たち一般の国民であり、将来の日本を担う今の子どもたちであることを考えると、最悪の事態も想定してそれへの備えをしっかりとしておくべきではないでしょうか。それに、もし政治が頑張ってちゃんと日本経済を再生してくれたら、その備えはより安心で楽な生活につながるのですから、それ自体悪いことではありません。

ちなみに、この危機感は、政治の側と霞が関の側の両方から政策の現場に関わっていると、またエコノミストや評論家の方々、海外の金融投資家などと議論していると、更に高まらざるを得ません。

そうした危機感から、今のようにゆるい報道ばかりでは、多くの国民がもっと知っておくべき日本経済の将来の厳しさを理解することができず、その結果として、それに対する必要な準備をすることができないのではないかと心配になってしまいます。

本書は、このような危機感が動機となって書きました。ただ、だからと言って、本書はむやみに危機感を煽《あお》ったり、政治や政策などのゆるさを批判することを目的とはしていません。本書の目的は、少しでも多くの方に日本経済の現状を正しく理解し、将来について〝健全な危機感〟を持っていただきたいということに尽きます。

ただ、経済や政策の話はどうしても難しくなりがちなので、多くの方が敬遠しがちであることも事実です。そこで、本書は、経済の知識がまったくない近所のおばちゃんでも理解してもらえることを目標に、なるべく平易な表現で書いて、一気に読み通せるような内容にすることを心がけました。

構成としては、まず第1〜3章では日本経済が今どのような状態にあり、このままでは将来的にどうなりそうか、本当の意味で再生するには何をしなければならないのか、という現状の解説をしています。

そして、第4〜6章では、日本経済の再生がうまく行かなかった場合への備えとして、私たち国民の側は何をしなければならないのかについて解説をしています。第4、5章は多くの識者も指摘している一般的なポイントについて概観的に解説しているのに対して、第6章ではマスメディアやネット上でもあまり声高に議論されることのない、でもすごく大事なイシューについて解説しています。個人的には第6章の内容はもっとも重要と思っていますので、是非お読みいただければと思います。

最初から読んでもいいですし、目次を見て気になったところだけをつまみ食いして読んでも大丈夫なように、それぞれの章の独立性をなるべく維持するよう心がけたつもりです。

今の日本経済は、安倍政権のアベノミクスの成果もあり、バブル崩壊後のどんよりとした〝失われた20年〟からようやく脱しつつあります。かつ、２０２０年には、東京オリンピックという久々に国を挙げて盛り上がれる明るい話題があります。

ある意味、今は本当に久しぶりに国全体が明るくなれるタイミングですので、そんなときに〝日本経済の将来はこのままではヤバい〟と騒ぐなんて、非常識で見当はずれも甚だしいと思われるかもしれません。

ただ、明るい気分を味わいながらも、同時に〝健全な危機感〟を持って必要な対応や行動を早め早めに取ることこそが、世論調査の結果からも明らかなように、未《いま》だに国民の多くが感じている生活不安や将来不安を減らすためには必要なはずです。

本書をきっかけに一人でも多くの方が〝健全な危機感〟を持ってくださり、そして将来不安を減らすために必要な行動の第一歩を踏み出していただければ、これほど嬉《うれ》しいことはありません。

オリンピック恐慌／目次

編集協力　新木洋光
ＤＴＰ　美創

第1章　日本経済の再生に残された時間はあと2年

第1節　経済成長率を高めなくては生活は楽にならない

なぜ景気回復が続いても生活が楽にならないか

２０１２年12月の安倍政権発足とともに始まった今の景気回復は、２０１７年9月で58ヶ月連続を記録し、それまで景気回復期間の長さで戦後2位だったいざなぎ景気（57ヶ月）を超えました。多くのエコノミストが景気回復はまだ当分続くと予想していますので、おそらく２０１９年1月まで続き、戦後最長だった２０００年代半ばの73ヶ月を追い抜いて戦後1位の長さの景気回復期間になるでしょう。

それにも拘《かか》わらず、報道機関が行っている世論調査の結果を見ると、家計不安や将来不安を感じている人の割合が非常に高いままになっています。国の調査を見ても、全世帯の57％、子育て世帯の62％が〝生活が苦しい〟と訴えています（厚生労働省・平成28年国民生活基礎調査）。

それでは、戦後第2位の景気回復期間の長さとなったのにも拘わらず、なぜ多くの人が景気の良さを実感できないのでしょうか。その理由は、景気拡大が続いていても経済成長率が低いままであることに尽きると思います。

実際、いざなぎ景気のときは、景気回復が続いた57ヶ月の間に日本の実質GDPがなんと6割以上も増えましたが、今の景気回復では、13年1月から17年6月の間で実質GDPは5％ちょっとしか増えていません。

生活が楽になるには、当たり前の話ですが家計の収入、つまり労働の対価として得る賃金が増えていくことが不可欠です。賃金が大きく増えるようにする一番の早道は、やはり経済成長率を高くして、景気を良くすることです。その成長率が低いままでは、いくら景気回復の期間が長くても収入が大きく増えることは望めません。

その意味で、アベノミクスというとデフレ脱却に向けた大規模な金融緩和ばかりが注目されがちなこともあり、新聞やテレビでは「デフレ脱却＝日本経済の再生」であるかのように報道されることが多いですが、これはミスリーディングであることに留意すべきです。

確かに、日本では1990年代のバブル崩壊以降、20年以上にわたってデフレ、即ちモノの値段が下がる状態が続いてきました。デフレが続くと消費や投資が盛り上がらず、経済は低迷を続けることになるので、デフレ脱却は確かに日本経済の再生のためには不可欠です。

しかし、ではデフレ脱却が実現してインフレ、即ち日銀が目標としている物価上昇率2％が実現すれば、安倍政権の最重要課題である日本経済の再生が実現し、賃金も上昇していくのでしょうか。物価が上がるだけで企業の業績が良くなるとは限りませんので、それだけでは不十分です。

つまり、デフレ脱却は日本経済の再生、そして賃金の上昇のための必要条件に過ぎないのです。もちろん、人口減少と高齢化により、地方、サービス業・物流業・工場、パートなどの非正規雇用といった人手不足が深刻なところほど賃金が上昇しやすくなっているのは事実ですが、やはり経済成長率が高くなるという十分条件が満たされないと、日本経済の再生も実現できないし、働く人全体の賃金も順調には上昇していきません。

よく、〝経済成長は万病を治す〟〝経済成長はすべての矛盾を覆い隠す〟と言われます。それは極端にしても、やはり経済成長率を高くすることは生活を楽にするために不可欠なのです。

安倍政権の下でもまだ低成長が続く日本

それでは、経済成長率を何％くらいに維持できたら、景気が良いと考えられ、賃金の上昇が期待できるのでしょうか。安倍政権の成長戦略では〝2020年まで実質経済成長率（物価変動の影響を取り除いた、日本経済の実力を示す成長率）2％、物価上昇率1％〟を目標としているように、ざっくりと言って実質経済成長率が2％を超えたら景気が良いと考えていいと思います。

しかし、日本の実質経済成長率は、図1-1のように1992年のバブル崩壊後ずっと低迷

図1-1　実質経済成長率

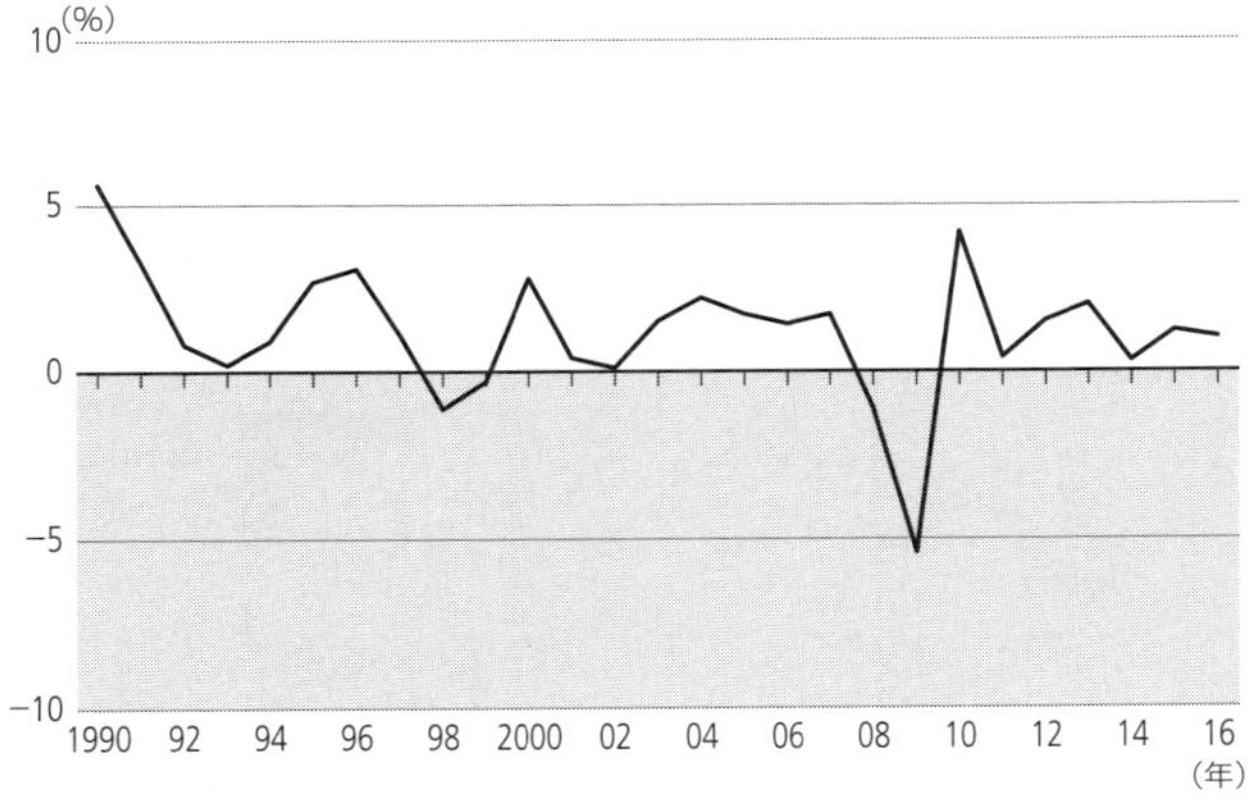

したままです。実際、日本の実質ＧＤＰ（物価の影響を除いた経済のパイの大きさ）は１９９６年が４５１兆円、２０１６年が５２３兆円と、一見すると20年の間にそれなりに増加したように見えますが、平均するとこの20年の間、毎年約０・７％と非常に低い経済成長を続けていたに過ぎません。

ちなみに、日本の名目ＧＤＰ（物価の影響も加えた肌感覚に近い日本経済のパイの大きさ）を見ると、実質経済成長率の低さに加えてデフレが長く続いたため、１９９６年が５２６兆円、２０１０年が５３７兆円とほとんど増えていません。だからこそ、〝失われた20年〟と言われるのです。

このように低い経済成長率が長年にわたって続いたら、家計の収入が増えて生活が楽になるはずがありません。

名目賃金はバブル崩壊以降30年近くずっとほぼ横

図1-2　各種世帯の1世帯当たり平均所得金額の年次推移

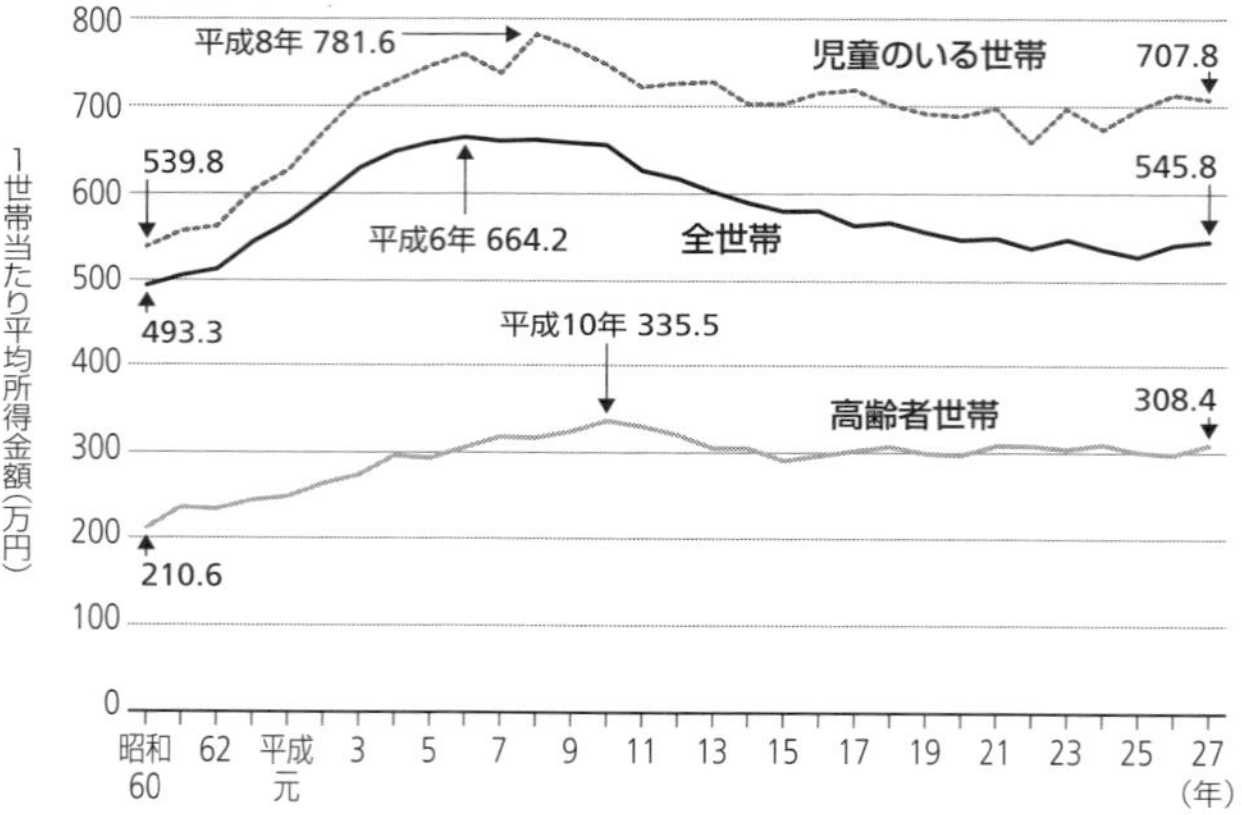

出典：平成28年国民生活基礎調査（厚生労働省）

ばいですし、名目総雇用者所得（働く人が受け取る報酬の総額）は1997年末より7％少ないままとなっています。それを反映して、世帯当たりの平均収入は1994年は664万円だったのが、今は546万円に下がってしまっています（図1-2）。参考までに、世帯所得の分布を見ると、平均所得こそ546万円となっていますが、全世帯の61％の所得がそれ以下となっています（図1-3）。多くの世帯が低成長とデフレによって貧しくなってしまったのです。

そして、安倍政権がアベノミクスを始めた2013年以降の実質経済成長率も、

2013年　2・6％
2014年　▲0・5％
2015年　1・3％

図1-3　所得金額階級別世帯数の相対度数分布

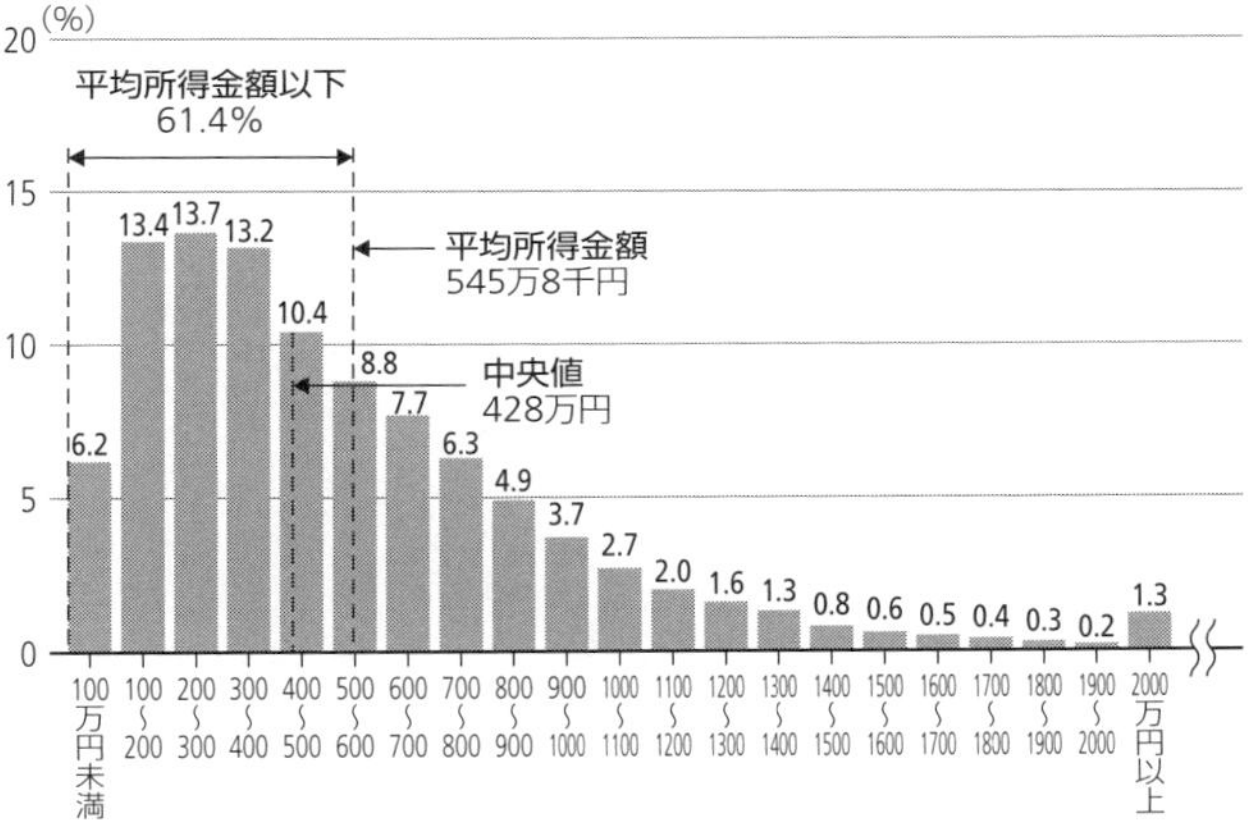

出典：平成28年国民生活基礎調査（厚生労働省）

２０１６年　１・３％

と、２０１４年の消費税増税が大きく影響したとはいえ、２０１４年から２０１６年にかけては実質経済成長率２％を超えることができませんでした。これでは地方や中小企業も含めて多くの人が「景気が良くなった！」と実感できるはずがありませんし、収入も大きく増えるはずもありません。

実際、２０１４〜16年のいずれの年も企業全体の現金給与総額の増加率は１％未満となっていますし（厚労省・毎月勤労統計調査）、こうした給与の伸び悩みを反映して、二人以上の世帯の家計支出も実質で３年連続で減少しています（総務省・家計調査）。

これらの事実から分かるように、働く人全体の収入が増えるようにするためには、とにかく経済成長率を高くしないとダメなのです。

アベノミクスはまだまだ道半ば

この観点から考えると、結果論ではありますが、安倍政権のこれまで5年間の経済運営はそこまで高く評価することはできません。

もちろん、これまでのアベノミクスがかなりの成果を出してきたことは事実です。大規模な金融緩和の継続により、ようやくデフレ脱却が近づいています。また、5年間で名目GDPが50兆円増えました。上場企業の業績は大きく改善し、株価も5年間で2倍以上に上がりました。失業率は大幅に低下して有効求人倍率も30年ぶりの高い水準となり、ほぼ完全雇用が実現されました。

それらの成果はもちろん評価すべきですが、例えば日本の企業全体に占める大企業の割合は1%に過ぎず、働く人全体のうち大企業で働く人の割合は3割に過ぎないことを考えると、上場企業の業績や株価が上昇するだけでは不十分です。また、人口が減少する中では失業率は改善して当たり前です。実際、人口減少のペースが速い地方ほど深刻な人手不足が起きています。

そう考えると、やはり経済成長率を十分に高められていない点で、アベノミクスはまだまだ道半ばと評価せざるを得ないのです。

それでも、2017年は景気回復の足取りがだいぶしっかりしてきました。4〜6月は実質経済成長率が年率で2・9%と、景気の良し悪《あ》しの判断の基準である2%を大きく超えましたし、株価も一層の上昇を達成したのが、その証左だと思います。

かつ、何より、2017年秋の衆議院総選挙を経て改めて実感したのは、まともな経済運営をしようとしているのは安倍政権だけだということです。

経済政策が実現すべき目標は〝成長〟と〝分配〟の二つです。〝成長〟とはまさに経済成長を実現し、経済のパイを大きくして働く人の収入も増やすことです。それに対して〝分配〟とは、貧しい人や社会的に恵まれない人に対して経済成長により増えた富を再分配することであり、年金や健康保険、生活保護などの社会保障がそれに該当します。

2017年の衆院選の際の各党の公約を見ると、ほぼすべての野党の公約は〝分配〟を手厚くするとばかり主張し、〝成長〟については何ら説得力のある内容がありませんでした。

しかし、〝成長〟を実現して再分配の原資となる税収を増やせなかったら、借金を1000兆円も抱えている国で〝分配〟を手厚くできるはずがありません。まず〝成長〟を実現してパイを大きくした上で、〝分配〟をしっかりやるしかないのです。野党が主張するような、〝分配〟を強化することで〝成長〟を実現するなんて不可能です。ほとんどの野党の公約は、実現不可能な絵空事ばかりだったのです。

それと比べると、自民党の主張は、個人的には多くの不満があるものの、少なくとも〝成長〟と〝分配〟のバランスは取れていました。今の日本でまともな経済運営を考えているのは安倍政権だけという結論になるのです。方向性は正しいけど、まだ結果が出てない、つまり道半ばなので、もっと頑張ってくれという結論にならざるを得ません。

2種類の経済成長率

ただ、以上はあくまで過去の総括に過ぎません。大事なのは、今後の経済成長率が高くなって家計の収入の増加につながるのか、です。この点について考えるときは、2種類の経済成長率に注目するようにしてください。

一つは、今この瞬間の景気の良し悪しを示す短期的な経済成長率です。毎四半期ごとに政府が発表する直近の経済成長率がそれに該当します。

もう一つは〝潜在成長率〟です。これは、日本経済が自然体で（政府が経済政策で無理に底上げせずに）長期的に実現可能な経済成長率であり、日本経済の本当の実力を示す数字と考えていいと思います。

マスメディアは毎四半期ごとに政府が発表する経済成長率、つまり今の景気を表す短期的な成長率ばかりに注目しがちですが、これから分かるのは、今の景気はどうなのか、来年の賃上げはどの程度になりそうかくらいです。景気が良い状況がどれくらい長続きするのか、収入が将来的にどうなりそうかを考える場合は、長期的な成長率を示す潜在成長率が重要となるのです。

というのは、短期的な成長率が高くなって今の景気が良くなることはもちろん大事ですが、それが1年くらいで終わって景気が元に戻ってしまっては意味がありません。

賃金を払う側の企業の立場に立って考えれば、景気の良い状態が将来的にある程度続きそうだという将来予見性を持てるようになって初めて、思い切った賃上げ、継続的な賃上げに取り組むことができるからです。そのためには、潜在成長率を高めることが必要となります。

それでは、現状ではこの2種類の経済成長率はどうなっているでしょうか。短期的な経済成長率については、2017年4〜6月の実質経済成長率は年率2・9%、7〜9月は2・5%と非常に良い数字でしたので、ほぼ5年にわたって緩やかな景気回復が続く中で、短期的に2017年は景気回復のペースがだいぶしっかりしてきたと考えることができます。

それに対して潜在成長率は、内閣府の推計では年率1・0%、日銀の推計では0・8%と低いままになっています。

これらの数字が表す事実は、短期的に今の景気は良くなってきているけど、現状の安倍政権の経済運営のままでは長期的には日本経済は1%も成長できないので、景気が良い状況が続いてそれが家計の収入や賃金の増加をもたらすという好循環は期待できないということになります。

第2節 あと2年が潜在成長率を高める最後のチャンス

成長率を高めるために政府が講じるべき政策

ところで、ちょっと理屈っぽい話になって恐縮ですが、この二つの経済成長率を高めるために政府はどのような政策を講じる必要があるのかについて考えてみましょう。

経済理論の教えによれば、短期的な成長率を高めるには経済の需要を増やすことが必要となります。経済には需要と供給という二つの側面があり、供給より需要が少なければ少ないほど（需給ギャップが大きければ大きいほど）、成長率が低くなって景気が悪くなるからです。

そのために政府ができるもっとも即効性の高い政策は、補正予算などの財政出動によって需要を増やすことです。だからこそ、景気が悪くなると政府の財政出動を求める声が大きくなるのです。

ただ、経済の需要を増やすことが大事なのは、あくまで短期的な成長率との関係においてであり、もう一つの潜在成長率という長期的な成長率を高めることにはつながりません。実際、政府の財政出動は一時的に景気を底上げするだけであり、その効果は1年から1年半程度しか持続しません。

長期的な成長率である潜在成長率を高めるには、経済の需要サイドではなく供給サイドが重要となります。長期的には、経済の供給量がどれくらい増えていくかによって成長率が決まるからです。

評論家の中には、政府がもっとカネを使って需要をずっと増やし続けることで景気を良くできると主張する人もいます。こうした主張は、一見もっともらしいのですが、短期と長期では経済成長率を規定する要因が異なることを無視した議論と言わざるを得ません。

例えば、1990年代はまさにそれをやりました。バブル崩壊後の景気の低迷を打開すべく政府は頻繁に財政出動を行いましたが、潜在成長率は全然高まらずに財政赤字だけが拡大するという結果になりました。かつ、そもそも毎年巨額の財政出動という自転車操業をするような余裕は、1000兆円を超える借金を抱えている上に毎年巨額の財政赤字を出している日本にはありません。

それはともかく、では潜在成長率を高めるには政府はどのような政策を講じる必要があるのでしょうか。

経済理論の教えによれば、潜在成長率を高めるには、①人口（労働力）が増えるか、②（工場などの）資本設備が増えるか、③経済の生産性が上昇するか、のどれか（またはすべて）を実現させる必要があります。

労働力が増えたり、工場が増えたりすれば、生産量＝供給量も増えるので、①と②はすぐ理解できると思います。これに対して、③の生産性という言葉は聞き慣れない人も多いのではないかと思います。

生産性とは

そこで、生産性について簡単に説明しておきますと、例えば私が工場で働いているとして、決まった勤務時間で1年間働いたら、ある程度の個数の製品を生産できます。これは一定額の付加価値、つまり（製品の価格－材料の原価）×個数だけの付加価値を生み出したことになります。翌年も同じ勤務時間だけ働いたとしましょう。そこで、新しい技能を身につけたり仕事のやり方を改善したりすることで、生産個数が増えるか、前年よりも高い価格の製品を生産できれば、同じ時間で生み出す付加価値が前年より増えるので、その場合には生産性が上がったということになります。

サービス業でも、私がレストランで働いているとして、決まった営業時間で1年間働くとある程度の売り上げが立ちます。その売り上げから原価を引いた付加価値が、例えばメニューや接客の改善、広告宣伝の強化などで翌年増えていれば、同様に生産性が上がったということになります。

要は、生産性とは一定の労働時間の間にどれくらいの付加価値を生み出したかを示すものであり、生産性上昇率とは、それが毎年どのくらいのペースで上昇しているかを示しています。

それでは、日本経済の潜在成長率を高めるにはどうすればいいでしょうか。日本は既に人口減少局面にあり、かつ移民の大規模な受け入れは難しい国なので、人口を増やすことはほぼ不可能です。そして、人口が減少している、つまり市場の規模が縮みつつある国では資本設備が恒常的に増えていくこともあまり期待できません。

従って、日本経済の潜在成長率を高めるには、3番目の経済の生産性を高めるしかないのです。

幸か不幸か、日本経済の生産性は国際的に比較すると実はあまり高くありません。ざっくり言って、日本の製造業全体の生産性は米国の70％くらい、日本のGDPの7割を占めるサービス業の生産性は米国の半分くらいです。働く人一人当たりの生産性を示す労働生産性もドイツの3分の2くらいです。逆に言えば日本は生産性の伸び代《しろ》がまだ大きいということですので、これをどれだけ引き上げられるかが、日本の潜在成長率を高めるカギとなります。

ちなみに、この生産性という言葉が日本の今後にとって大事なキーワードになることは覚えておいてください。詳しくは本書の色んなところで言及しますが、生産性の上昇は経済全体のみならず、地方経済、企業、個人といったあらゆる経済主体にとってこれからは最重要の課題となるのです。

改革なくして潜在成長率の上昇なし

それでは、経済の生産性を上昇させて潜在成長率を高めるには、政府はどのような政策を講じるべきでしょうか。

永田町や霞が関の人たちは、予算措置などの支援策によって企業・産業や地方自治体を手取り足取り応援するという、いわゆる産業政策が大好きです。それをやれば、自分たちの権限や予算も増えるからです。

しかし、これは民間や地方の生産性の上昇にはつながりません。何かあったら政府が助けてくれると思っているところが、遮二無二頑張って自らの生産性を高めようとするはずがないからです。親が過保護で子どもを甘やかしていると、子どもがなかなか自立しないのと同じです。実際、政府がこれまで救済措置を講じて経営に全面的に関与した企業は、たいてい良くなっていません。

経済の生産性を高めるには、やはり政府が規制改革、地方分権、自由貿易などの〝構造改革〟を進めて、やる気がある企業や地方自治体が自らの生産性を高めるために新しいことに自由に取り組める環境を作り出すことが必要になります。

ちなみに、構造改革という表現を使うと、小泉政権が構造改革を進めたことで格差が拡大して日本経済はかえって悪くなったじゃないか、と思う方もいらっしゃるかもしれません。その小泉政権で構造改革に関わっていた私が「改革が必要！」と言っても信用できないでしょう。

しかし、そうしたステレオタイプな話には誤解が多いということだけは分かっていただければと思います。まず、改革が必要なのは生産性と潜在成長率を高めるためであり、今の短期的な成長率を高めるためではありません。現実には、経済の需要を増やして短期的な成長率を高めつつ、構造改革を通じて潜在成長率も並行して高めることが必要なのです。

かつ、よく小泉時代に非正規雇用がすごく増えたと批判されますが、これは改革のせいではなく、低い経済成長率が続く中で、企業が人件費を減らすことでそれに対応しようとしたからです。

もちろん、小泉政権ではまず〝成長〟の実現に集中したため、低所得で苦しむ人などへの〝分配〟が不十分だった点は反省すべきですが、それに加えて私は、むしろ小泉政権では改革が不十分で潜在成長率が高まらなかったことを反省すべきと思っています。

いずれにしても、以上をまとめますと、短期の経済成長率を高めるには政府は財政出動で経済の需要を増やす必要があり、長期の潜在成長率を高めるには政府は改革を進める必要がある、となります。

これから2年は景気の良い状況が続く

以上のように2種類の経済成長率を意識し、かつ今後予定されているイベントを勘案すると、今後の日本の景気（経済成長率）がどうなり、働く人の収入が順調に増えていくかをある程度見通すことができます。

まず短期的には、２０１９年後半まではほぼ確実に今の景気回復が続き、ある程度景気が良い状態が持続するであろうと予想できます。

２０１４年の消費税増税により落ち込んだ個人消費が持ち直しつつあるのに加え、政府は２０１６年の暮れの補正予算と２０１７年度予算で合計７兆円程度の財政出動を行いました。過去の経験から、この大規模な財政出動で経済の需要を増やす効果は２０１８年前半くらいまでは続くと考えられます。それに加えて、２０１８年は東京オリンピックに向けた関連施設の建設需要のピークのタイミングですので、人手不足や資材費の高騰はあるものの、これも経済の需要を増やします。

そして、２０１９年は東京オリンピックの前年ですので、おそらく世の中はすごく盛り上がっていて、２０２０年のオリンピック本番まで続くでしょう。〝景気〟は漢字からも分かるように、〝気分の風景〟という面がありますので、世の中の盛り上がりは景気にプラスなのです。実際、オリンピック絡みの様々なイベントなどの需要も発生するでしょう。

もちろん、リスク要因は存在します。米国や中国の経済の失速、北朝鮮有事などが発生したら日本の経済成長率も一気に失速しますが、最大のリスク要因は２０１９年10月に予定されている消費税の10％への再増税です。２０１７年の総選挙の際に、再増税による増収分の半分を使って幼児教育の無償化などを行う方針が明らかにされましたが、それでも消費や経済成長率にある程度の悪影響が生じることは避けられません。

ちなみに、日銀は２０１９年デフレ脱却を目標に大規模な金融緩和を続けていますが、２０１９年に脱却に成功した場合、日銀は大規模な金融緩和を止《や》め、早く金利を引き上げたいはずですので、これも経済成長率にはマイナスになります。

このように考えると、２０１９年後半まではある程度良い経済成長率が維持され、景気が良い状態が続くと期待できますが、逆に言えばそれから先は景気もだいぶ不安定になるリスクがあるはずです。

日本経済再生の最後のチャンス

そして、２０２０年の東京オリンピックも大きなリスク要因となる可能性が大きいのではないかと思います。

日本中が東京オリンピックを楽しみにしているのに水を差す気はないのですが、過去にオリンピックを開催した国の経済状況を見てみると、ほとんどの国でオリンピックが終わる頃、国によってはオリンピックが始まる直前から景気が悪化しているのです。

オリンピックという世界的なイベントが終わってしまうと、それに関連する様々な需要がなくなってしまうので、これはある意味で当然です。過去にオリンピックを開催した国の中で、オリンピックが終わった後も景気が良い状況を維持できたのはアトランタ・オリンピックの後の米国くらいです。

ちなみに、２０１０年にギリシャ危機があり、ギリシャ経済が破綻の淵《ふち》まで追い詰められたことをご記憶の方も多いと思いますが、ギリシャ危機のきっかけは２００４年のアテネ・オリンピックだと言われています。その前にＥＵに加盟して低金利を享受できるようになったこともあり、オリンピックに向けて立派な関連施設を作って財政赤字が大幅に拡大したことがその始まりだったのです。

そもそも日本経済の潜在成長率は１％弱に過ぎないことを考えると、オリンピック特有の事前の盛り上がりという需要の底上げが終わって景気が後退局面に入ったら、そのまま潜在成長率のレベルの低成長軌道に戻りかねません。

ちなみに、内閣府推計で1・0％、日銀推計で0・8％という潜在成長率は、バブル崩壊後の失われた20年の平均の成長率（0・7％）と大差ありません。つまり、今の潜在成長率のままだと、東京オリンピックの後の日本経済は失われた20年の再来となってしまうかもしれないのです。

もちろん、東京オリンピックの先を考えると、2020年に羽田空港の国際化が本格化し、2027年にはリニア新幹線が開通するといった、経済成長にプラスの明るい要素も存在します。

しかし、その一方で、そもそも人口減少のペースは今後徐々に速まりますので、これは明らかに経済成長にマイナスに作用します。

そして、2025年には、団塊の世代が全員75歳以上の後期高齢者になるという、日本経済にとっては非常に厳しいイベントが控えています。

これが意味するのは、その頃から毎年の財政赤字の最大の要因である政府の社会保障支出が凄《すさ》まじい規模に膨張し出すということです。実際、2017年度は120兆円だった政府の社会保障給付費は、2025年には150兆円に増加すると予想されています。

従って、この点については第3章で詳述しますが、社会保障制度と財政の持続性を維持するためには、2025年までに社会保障制度の抜本改革を行うことが不可欠となります。それは、国民が享受できる社会保障の水準が低下する（または国民の社会保障負担が増大する）ことを意味しますので、経済成長や景気の観点からは大きなマイナス要因になるのです。

以上から、2019年の後半までは景気が良い状態が続くだろうし、日本中がオリンピックを楽しみにしているので2020年までは日本全体が明るいだろうけれど、それに浮かれてしまって、オリンピックが終わったら日本経済が非常に厳しい局面に入る可能性が高いことを忘れてはいけないと思います。

言葉を換えて言えば、それまでに安倍政権がどれだけしっかりと改革を進め、日本経済の生産性と潜在成長率を高められるかが、2020年の東京オリンピック以降の日本経済を左右するのです。

もちろん、デフレから脱却できておらず、未だに消費が弱い中では、政府が機動的な財政出動により需要を創出し続け、短期間に良い経済成長率を持続させることが不可欠です。

しかし、それである程度高い経済成長率を実現できたとしても、低い潜在成長率を超えて一時的に実現されているに過ぎず、長続きするはずがないのです。

東京オリンピックまでの残り2年は、改革を進めて日本経済を再生する最後のチャンスと言っても過言ではありません。それなのに、残念ながら、大半の政治家、官僚、そしてメディアの人たちは2020年までしか考えていないように見受けられます。そうした方々と話しているると、あまりの危機感のなさに悲しくなってきます。

第3節　日本はなかなか改革が進まない国

過去5年であまり改革は進んでいない

安倍政権は2020年までに改革を進めるべき、と私がしつこく強調するのは、潜在成長率が過去5年の間ほとんど変わらず低いままであることから明らかなように、安倍政権が発足してから5年も経《た》っているのに、その間改革があまり進んだとは言えないからです。

こう言うと、奇異に感じる人もいるのではないでしょうか。安倍政権は、地方創生、一億総活躍、働き方改革、人づくり革命、生産性革命など、毎年新たな改革のキーワードを提示し、新聞でも例えば「農業改革が進んで農業が成長産業になる」「働き方改革で働く人の生産性が高まる」といった、改革が進んでいるかのような報道が多かったからです。

しかし、一部メディアで目につくこうした報道はあまり真に受けない方がいいと思います。特に新聞の1面に大きくこうした記事が出たときは、たいていは官邸や役所の官僚たちが記者に情報をリークして、改革が進んでいるかのように書いてもらっている場合が多いのです。

例えば農業改革では、政府は農協の改革をメインに据えています。もちろん農協の改革は重要ですが、農業を成長産業にするならば、農協という流通の側のみならず、農家や農地という生産の側の改革も不可欠です。具体的には、企業が農地を所有しにくい現行制度を改革し、農地の集約化、農業の大規模化をやりやすくすることが必要なはずです。しかし、そうした改革がほとんど進まない中で、農協の改革ばかりが強調されているのが現実なのです。

また、働き方改革も、同一労働同一賃金に向けた非正規雇用の賃上げ、残業時間の上限規制、ホワイトカラーエグゼンプション（労働時間ではなく成果に対して賃金を支払う）の導入ばかりが強調されています。

しかし、働き方改革で本当に働く人の生産性を高めようと思ったら、解雇規制の緩和（金銭解雇を容易にして雇用の流動化を進める）、非正規雇用の人などのスキルアップに資する公的な教育研修の抜本的充実、最低賃金の抜本的なアップなど、他にもやるべき改革はたくさんあります。

にも拘わらず、それら既得権益の反対が強い改革はほとんど手付かずのまま、抵抗が比較的少なく取っつきやすい部分だけが動いて、それがさも働き方改革の切り札であるかのように言われているのが現実なのです。

このように、報道を見ているとまるで安倍政権は改革を進めているように見えますが、現実には過去5年間あまり改革は進んでこなかったのです。

安倍政権は改革政権ではない

それでは、なぜ過去5年にわたって改革があまり進まなかったのでしょうか。ステレオタイプには政権の努力不足となりますが、私は安倍政権だけを批判するのは間違いであり、むしろ、日本は改革がなかなか進まない国だというのが現実ではないかと思っています。

もちろん、安倍政権の責任が大きいのも事実です。

そもそも政権与党である自民党は改革政党ではありません。特に今のように圧倒的な議席数を持つ状況では、改革よりも既得権益の維持に傾きがちです。かつ、霞が関の各府省は昔も今も大胆な改革などやる気はなく、自分たちのペースで自分たちがやりたい通りに政策を進めたいだけです。

このような状況でも、総理官邸が自民党や霞が関をゴリゴリとシバくか、または改革派の政治家を経済閣僚に任命すれば、官邸主導で改革を進めることは十分に可能なはずであり、それは小泉政権のときに証明されています。

しかし、現実には官邸が重視しているのは経済よりも外交・安全保障・憲法改正と思われますから、官邸の限られた政治的リソースはそれらに優先的に投入されることになります。かつ、今の自民党に改革派と言える政治家はほんの少ししかいなくて、経済閣僚に改革派を任命するのも難しいので、官邸主導で改革を進めるのは難しいと言わざるを得ません。

だからこそ、過去5年間のアベノミクスは、金融緩和、財政出動、成長戦略（構造改革）の三本柱という触れ込みながら、実際には金融緩和と財政出動ばかりになってしまったのです。

金融緩和は日銀総裁に信頼できる人を置けば動きます。財政出動は、官邸がその方向性と意思を示せば財務省がうまくまとめてくれます。官邸が細かく主導しなくても、一声発すれば動くのです。かつ、金融緩和や財政出動で痛みを感じる既得権益はないので、自民党も反対しません。

しかし、改革となると、いくら官邸が毎年、例えば2017年なら人づくり革命とか生産性革命といった新しいキーワードを提示して方向性を示しても、その中身を詰めるのを所管の府省と自民党に任せていては、自民党の族議員が既得権益の維持を頑張る中では、例えば農業改革は農水省の官僚が、そして働き方改革は厚労省の官僚が〝これならやれるだろう〟と考えた範囲にとどまってしまうのです。

日本に投資をしている海外のファンドは、4、5年前はみんなアベノミクスに期待し、安倍政権で改革が進んで日本経済の生産性と潜在成長率が高まりそうなので日本の株は買いだと思ってくれていましたが、今やそのほとんどが安倍政権で改革が進むとは期待していません。残念ながら、これが現実なのです。

加計学園問題の顚末

ただ、改革が進まなかった原因は政権の側だけにあるのではありません。マスメディアと野党の側にも大きな責任があります。それを改めて痛感したのは、2017年に起きた加計学園問題を巡る騒ぎです。

経緯を簡単に振り返っておくと、口蹄疫《こうていえき》などの感染症の発生が増え、産業向けの獣医の数が足りないと言われているにも拘わらず、大学の獣医学部の新設は過去52年間も認められてきませんでした。獣医の数が増えることに日本獣医師会が強く反対してきたので、大学を所管する文科省が通達で獣医学部新設の申請自体を認めてこなかったからです。獣医学部の新設認可は岩盤規制の一つだったのです。

一方、岩盤規制の突破を目的に、安倍政権は〝国家戦略特区〟という規制緩和の制度を作りました。特定の規制の緩和を希望する自治体などが手を挙げ、その自治体と特区を所管する内閣府が規制を所管する府省と交渉し、合意できたらその地域限定でその規制を緩和するというものです。

そこで愛媛県今治市は、この特区を活用して加計学園による獣医学部新設を提案し、内閣府と規制を所管する文科省の交渉の結果、加計学園が獣医学部新設を文科省に申請するのを認めることになりました。

しかし、加計学園理事長が安倍首相の友人であることが明らかになり、かつ交渉の過程で内閣府幹部が〝総理の意向〟を盾に文科省に規制緩和を迫ったとする文科省の内部文書がマスメディアで報道されました。更には、文科省の前事務次官が〝官邸の総理補佐官が自分を呼び出して、加計学園ありきで圧力をかけた〟という趣旨の発言を繰り返しました。

それらを受け、一部のマスメディアや野党は、〝他にも獣医学部の新設を希望する大学があったのに、官邸や内閣府が加計学園だけに便宜を図って優遇した〟と延々と政権批判を展開しました。その結果、2017年夏には安倍政権の支持率が大幅に下落したくらいです。

私は、この推移を呆《あき》れて見ていました。内閣府の内情をかなり詳しく知る者として、マスメディアが批判するような〝総理の意向〟〝官邸や内閣府の便宜〟といったものは存在しなかったと分かるからです。

例えば〝総理の意向〟という発言があったとされる文科省と内閣府の会議が行われたときは、まだ加計学園以外の大学から獣医学部新設に関する詳細な提案は提出されていませんでした。

加計学園しか候補がない段階で、総理が具体名を出して優遇しろと言う必要はありません。〝総理の意向〟とは、岩盤規制の突破という一般論に過ぎなかったのです。

また、前川前次官は国会の答弁で、官邸から呼び出されたときに加計学園という個別の名称は出ていないと証言しています。更に言えば、獣医学部新設を1校に限定したのは、日本獣医師会などの既得権益側の要望によるものであり、官邸や内閣府が加計学園を優遇しようとした事実はありません。

つまり、一部マスメディアで盛んに報道された疑惑は事実ではなく、加計学園問題は、基本的には内閣府と文科省の事務的な交渉で文科省が負けただけなのです。それは、公開されている交渉の議事録からも明らかです。

改革を潰すマスメディアと野党

それにも拘わらず、なぜマスメディアはずっと疑惑を追及し続けたのでしょうか。憲法改正に反対する一部の護憲派メディアが、改憲姿勢を打ち出す安倍政権を叩《たた》いて支持率を低下させようとしたとしか思えません。実際、メディアが加計学園問題での批判を強めたのは、2017年5月に安倍首相が2020年までに憲法を改正するという方針を打ち出した直後からです。

もちろん、加計学園問題がこれだけ紛糾した一因は、官邸や内閣府のコミュニケーション能力の低さにもあります。国会での答弁は、私の目から見ても、これでは国民やメディアは納得しないだろう、一部の敵意を持つメディアが偏った報道をやりやすいだろう、と思えるレベルの低さでした。

それにしても、文科省や前川前次官といった片方の言い分だけを基に〝安倍首相が便宜を図ったに違いない〟というストーリーを作り上げ、その片方の言い分ばかりを報道した一部メディアは問題と言わざるを得ません。

それはともかくとして、加計学園問題から分かる現実は、日本は改革がなかなか進まない国だということです。

既に述べたように、安倍政権も過去5年の間、特に大きな改革を進めてきたわけではありません。その改革しない政権において、国家戦略特区による岩盤規制の打破は、中身は小粒のものばかりとはいえ数少ない改革の成果だったのです。

しかし、改革しない政権が獣医学部新設という小さな成果を作り出すと、憲法改正反対という思惑はともかく、マスメディアと野党が寄ってたかって潰そうとして、結果として獣医師を増やしたくない日本獣医師会、それを擁護する族議員、大学認可は自分たちだけで独善的に決めたい文科省という既得権益側を擁護したのです。これではどんな政権でも大胆な改革を進められるはずがありません。

ちなみに、こうしたマスメディアや野党の〝改革にはなんでも反対〟という姿勢は、別に今始まった話ではありません。小泉政権のときも、不良債権処理や郵政民営化といった構造改革の足をもっとも引っ張ったのは、マスメディアと野党でした。

日本は最後のチャンスを活かせない?

日本が改革を進めにくい国というのは悲しい現実ですが、いずれにしても安倍政権のこれまでの5年間で改革が進まなかった、これまでのアベノミクスは金融緩和と財政出動ばかりであった、というのは過去の話です。

逆に、これから2020年までの間は、本来は改革を進める絶好のチャンスです。2019年後半までは景気が良い状況が続くと予想されますが、景気後退期よりも景気が良いときの方が改革の痛みは小さくて済むからです。

かつ、2020年の東京オリンピックは日本が変わる大きなきっかけになり得るまたとない貴重な機会なのです。それは、ドイツの10年前の経験から明らかです。

今は絶好調のドイツ経済も、1990年代は〝欧州の病人〟と言われるくらいに低成長と大量失業に喘《あえ》いでいました。そのドイツが蘇《よみがえ》るきっかけとなったのは、2003年に断行された労働市場改革などの大胆かつ大規模な構造改革ですが、ちょうどその3年後の2006年にドイツでサッカーのワールドカップが開催されました。

　そのワールドカップでは、ドイツ人は世界中から押し寄せた人々を友好的に出迎え、大会を成功裏に終わらせ、かつドイツ代表は3位と健闘しました。即ち、ドイツ全体がワールドカップを通じて大きな成功体験を味わったのです。ちょうど構造改革が効果を発揮し始めるタイミングにこの成功体験による心理の改善と自信の復活が重なったことが、ドイツ経済の復活を大きく後押ししたと言われています。

　このドイツの成功体験に鑑みると、２０２０年の東京オリンピックまでの2年間は日本経済を再生するための絶好のチャンス、もしかしたら最後のチャンスとなるのではないでしょうか。

　安倍政権が２０１８、19年に思い切った改革を一気に進めれば、それが２０２０年の東京オリンピックと相乗効果を発揮して、日本経済の生産性と潜在成長率を高め、東京オリンピックの後も高い経済成長率を持続でき、働く人の賃金も上昇を続けやすい環境を実現できるはずなのです。

　しかし、私は個人的に、２０２０年までの2年間は日本の将来にとってこの上なく重要であるにも拘わらず、そこでもあまり改革は進まないのではないかと危惧しています。

　というのは、２０１７年秋の衆院選で自民党が大勝したからです。大勝した以上、安倍首相は悲願である憲法改正を目指すはずですので、２０１８、19年という改革にとって重要な時期も、官邸の政治的リソースの多くは憲法改正に投入されるのではないかと思います。

もちろん、安倍首相はすごいリアリストですので、憲法改正を実現するためには景気を良くするのが不可欠であることは、当然分かっているはずです。

ただ、2017年の衆院選での自民党の公約からは、経済政策では痛みが伴い反発が強い改革よりも、幼児教育の無償化など財政出動による短期的な景気浮揚ばかりを優先する可能性の方が高いのではないかと予想せざるを得ません。

しかし、もし本当にそうなったら、ドイツが経験したような生産性や潜在成長力を高める絶好のチャンスを逃すことになります。その場合、ある程度の経済成長率を維持できるであろう2019年後半まではともかくとして、東京オリンピックの後は経済成長率が低迷を続ける可能性が高いので、働く人の収入もそう増えていかないリスクが大きいと考えておかなくてはなりません。

もちろん、憲法改正は日本の将来にとって非常に重要な課題であり、それを疎《おろそ》かにしろと言う気はありません。ただ、日本経済の再生もそれと同じくらい重要な課題のはずです。

それでも、以上の予測が現実のものとなる可能性は否定できないと思いますので、それならば私たち国民の側は2020年までの2年間を有効に活用して、せめて自分の力で自分の収入が増えるようにして、自分や家族の身は自分で守れるようにしなければならないのではないでしょうか。そのための具体策は、第４章以降で説明します。

第４節　幾つかの補足説明

賃金に影響する要因

さて、実はこれまでは、経済の先行きに対する理解のために敢《あ》えてすごく単純化して説明しました。というのは、実際に働く人の賃金がどれくらい上がるかは、経済成長率以外にも様々な要因が複合的に影響しているからです。

ざっくり言って、賃金が上がるかどうかには以下の４つの要因が影響します。

①経済成長率
②労働市場の需給
③雇用主である企業の業績
④働く人の生産性

このうち、①の経済成長率については既に詳しく説明しました。繰り返しになりますが、長期的に高い経済成長率、つまり景気が良い状況が続いて、賃金も継続的に上昇を続けるようになるには、日本経済全体の生産性が高まることが必要となるのです。

次に、②の労働市場の需給について考えてみましょう。今の日本では人口減少が深刻です。２００８年から日本の総人口は減少し始めましたが、働き盛りである15〜64歳の生産年齢人口は１９９０年代後半から減少を始めており、１９９５年の８７２６万人から２０１５年の７７２８万人へと、既に20年間で１０００万人も減少してしまいました。平均して年間50万人という凄まじいペースでの人口減少です。労働市場では生産年齢人口の労働供給が大きく減少しているのです。

だからこそ、２０１７年夏の時点での有効求人倍率は約１・５倍と43年ぶりの高さになり、完全失業率も２・８％と22年ぶりの低水準となっています。これらの数字を反映して、人口減少のペースの速い地方ほど、そして多くの人手が必要となる物流業、飲食・小売業、保育・介護といったサービス業や工場などで人手不足がかなり深刻となっています。

そして、この人口減少は今後も加速しながら続きます。人手不足は経済成長の足かせとなりますので、政府は女性や高齢者の労働参加を増やそうとしています。しかし、例えば女性の就業率は既に15〜64歳で66％に達していることなどを考えると、それだけではとても足りそうにありません。

図1-4　雇用者数の推移

	雇用者数（役員を除く）	正規雇用者数	非正規雇用者数
2006年	**5092万人**	**3415万人**	**1678万人**
2016年	**5381万人**	**3364万人**	**2016万人**

出典：労働力調査（総務省）

外国人労働者を増やして人口減少を緩和することも可能ですが、大規模な移民の受け入れが難しい日本では、この選択肢は現実的ではないでしょう。

かつ、後ほど詳述しますが、第４次産業革命によりロボットやＡＩなどが人間の労働を代替する動きはいずれ加速するものの、それは将来的な話なので、今の人手不足には関係ありません。

このように考えると、人口減少による労働供給の減少という要因からは、今後は賃金が上がりやすくなるであろうと考えられます。

その一方で、大企業に根強く残る安定雇用を優先した日本的な労使関係では、労働需給が逼迫《ひっぱく》しても賃金は上がりにくいのも事実です。だからこそ、これだけ人手不足が深刻となり、景気が良い状況が続いているにも拘わらず、企業が支払う現金給与総額は２０１４年から16年まで３年連続で前年比増加したものの、増加率はいずれの年も１％未満でした（厚労省・毎月勤労統計調査）。

ちなみに、人口減少にも拘わらず、雇用されて働く人の数は２００６年から２０１６年の10年間で約２９０万人増えています。これまで

図1-5　職業別有効求人倍率（2017年10月）

建築・土木・測量	5.47
医師・薬剤師	5.45
一般事務	0.36
商品販売	2.42
介護サービス	3.91
接客・給仕	3.91
生産工程	1.71
輸送・機械運転	2.38
運搬・清掃	0.80

出典：一般職業紹介状況（厚生労働省）

働いていなかった女性や高齢者が働くようになったからですが、その10年の間に正規雇用者の数は50万人減少したのに、非正規雇用者の数は340万人増加しています（図1−4）。

こうした現実から労働需給が今後の賃金上昇に及ぼす影響を考えると、給与水準の高い大企業の正規雇用者の賃金上昇は比較的緩やかでしょうが、もともと給与水準の低い中小企業や非正規雇用の賃金ほど、有効求人倍率の高い分野を中心にある程度上がりやすくなるのではないでしょうか（図1−5）。

でも、それは逆に言えば、これまで相対的に低い賃金だったところほど上がりやすくなるというだけですので、労働需給の要因のみで全体の賃金水準がどんどん上がるとは期待できないと思います。

次に、③と④も賃金の観点からは非常に重要です。自分が働く企業の業績が良くなれば当然ながら賃金は上がりますし、経済理論上、本来は働く人の賃金は労働生産性、即ち働く人の生産性に比例するからです。

ところで、企業の業績が良くなるとは、言葉を換えればその企業の生産性が高まったということになります。そう考えると、①の日本経済全体というマクロ面、③の企業というミクロ面、そして④の個人レベルのすべてに共通して、生産性を高めることが非常に重要となります。

あらゆる経済主体について生産性を高めることが、日本経済の再生、そして働く人の収入の増加のためには不可欠なのです。企業の生産性を高めるにはどうすべきかについては第2章で、そして個人の生産性については第4章で詳しく説明します。

一人当たり名目GDP

話は変わりますが、〝一人当たり名目GDP〟という数字があります。GDPは国全体の経済活動を通じて生み出された付加価値の総額ですので、それを総人口で割ることで、一人当たりが生み出した付加価値を示しています。

この一人当たり名目GDPは〝広義の労働生産性〟、つまり働く人一人当たりの生産性と捉えることができます。その数字が毎年どれくらい増えているかで、一人当たりの付加価値の増加のペースが分かるからです。ちなみに、〝広義の〟というのは、正確には就業者数で割らないといけないのですが、便宜上、働いていない人も含む全体の人口で割っているからです。

日本の一人当たり名目GDPは2015年度で419万円（内閣府）でした。過去20年でピークは1997年の423万円ですので、20年の長きにわたって増えていないどころか減少してしまったのです。つまり、経済全体で見れば、働く人の生産性はほとんど上昇していないことになります。

これに対して、例えば米国の一人当たり名目GDPは同じ1997年から2015年にかけて1・78倍に増えています。ちなみに、同じ期間に英国も1・67倍に、そしてアジアではシンガポールは1・88倍、韓国は2・24倍に増えています。

これでは、失われた20年の間に収入が増えるどころか、停滞・減少してもやむを得ません。実際、今や香港の一人当たり名目GDPは日本の1・5倍になっています。

ただ、ここで大事なのは、日本の一人当たり名目GDPが増えていない原因が何かということです。その定義からして、働く人の生産性が低いままだからとも見えますが、実際には色々な要因が影響しています。

経済全体の生産性と潜在成長率が低い、デフレが続いた、といったマクロ経済の要因も当然ながら影響します。そして、働く人を雇う側の企業の経営陣が成長性の高い事業へのシフトや新たな事業モデルの創造などに取り組んでいないと、いくら社員が一生懸命働いて生産性を高めても、企業全体として生み出す付加価値は停滞します。

つまり、一人当たり名目GDPがずっと低迷しているという現実は、経済全体の生産性、企業の生産性、そして個人の生産性のすべてがなかなか高まってこなかったと考えるべきではないかと思います。

ところで、評論家の中には、「日本は成熟国家だから経済成長はもう期待できない」「人口減少が進む中では経済成長はもう無理なんだ」といった悲観論を展開する人もいますが、こういった議論は真に受けないようにすべきではないかと思います。

というのは、非常にラフな言い方をすると、経済成長率とは、一人当たりGDPの伸び率と人口増加率の合計と考えられます。従って、人口減少、つまり人口増加率がマイナスになれば、その分経済成長率も低下することになりますが、一人当たりGDPの伸び率がそれを十分に上回っていれば、ある程度高い経済成長率は維持できるはずだからです。

かつ、生活の豊かさに直結する本質的な経済成長とは、人口増加による経済成長ではなく、一人当たりGDPが増加していくことに他なりません。

どうも人口減少に伴う悲観論ばかりが目につき、地方創生でも人口を増やすことばかりが強調されていますが、人口減少を食い止めることと国民の生活の豊かさを高めることには何の関係もないことには留意すべきと思います。

ちなみに、明治維新の頃の日本は人口が約3000万人でした。もしかしたら1億人を超える人口というのは、国土面積も考えると多過ぎると言えるのかもしれないのです。

日本経済は実は強いという主張

そうした悲観論がある一方で、評論家の中には逆に「実は日本経済は最強なんだ」と主張する人も散見されます。そういう主張を読んだことがある人からすれば、私の説明はかなり悲観論に見えるかもしれませんが、では日本経済は本当に強いのでしょうか。

それについて考える材料となる数字を紹介すると、1995年から2015年の20年間で米国の名目GDPは135%も成長しました。米国経済のパイの大きさは20年で2・3倍にも増えたのです。これに対して、同じ20年間で日本の名目GDPは3・5%しか成長していません。20年経っても日本経済のパイの大きさはほとんど増えなかったのです。

もちろん、日本で名目GDPがほとんど増えなかったのは、デフレが続いたことも大きく影響しています。しかし、物価変動の影響を除いた実質値で見ても、この20年間で米国の実質GDPは61%成長したのに対し、日本の実質GDPは18%しか成長していません。名目GDPほどではないにしても、やはりだいぶ差があるわけです。

ちなみに、2016年の実質経済成長率を見ると、日本はG7（主要7ヶ国）中第6位で、後ろにはイタリアしかいません。

国の豊かさを示す指標でもある一人当たり名目GDPを見ても、日本は1990年代前半は6位だったのが、2016年時点では先進国の集まりであるOECD加盟35ヶ国中18位にまで低下してしまいました。

また、中国との比較で日本経済は強いと言われることが多いですが、例えば、2010年に日本はGDPの規模で中国に追い抜かれて世界第3位に順位を下げたと話題になりました。それからわずか6年で、今や中国のGDPは日本の2・6倍の規模になっています。

もちろん、中国の経済統計は信用できないという声が多いのも事実です。ただ、例えば米国の経済誌フォーチュンが発表した2017年の世界の企業番付（フォーチュン・グローバル500）を見ると、世界企業の上位500社のうち中国企業が115社を占めているのに対して、日本企業は51社に過ぎません。上位500社に入る日本企業の数は減少傾向が続いているのに対して、中国企業の数は過去10年以上ずっと増加を続けているのです。

これらの数字から判断する限り、日本の経済は最強か、一流かと聞かれたら、残念ながらもはやそうは言えない状態になっていると言わざるを得ないと思います。

もちろん、日本には数字に表れない様々な強みがあります。寿司《すし》に代表される和食やマンガ・アニメなどの日本のポップカルチャーが世界を席巻し、日本を訪れる外国人観光客の数が近年大幅に増加していることからも分かるように、日本の文化には世界のどの国にもない独自の魅力と強みがあり、それが日本の強大なソフトパワーを形づくっています。

また、日本社会の治安の良さ、空気や水の綺麗《きれい》さ、人の礼儀正しさといった快適さの点で考えても、日本ほど素晴らしい国はそうありません。中国は日本を抜いて世界第2位の経済大国になったといっても、社会環境はひどいものです。

ただ、それらはあくまで定性的な強さ・魅力であり、とても日本経済は最強という理屈にはつながりません。

それでは、なぜ一部の評論家の人たちは「日本経済は最強」と言い続けるのでしょうか。安倍政権の下で右寄りの主張がメインストリームとなり、それが経済に対する見方にも波及しているからだと思います。「日本は経済も実はまだまだ強いんだ」と主張した方が世間受けするのです。かつては日本人の多くが下に見ていた中国の経済や韓国の企業が失われた20年の間に日本を追い越すくらいの成長を遂げたので、〝格下に追い抜かれた〟という嫉妬や焦りもあるのでしょう。

ただ、当たり前の話ですが、そうした主張で溜飲《りゅういん》を下げて自己満足に浸るだけでは、自分の収入は絶対に増えないし、何より日本経済は復活しません。やはり、客観的に日本経済や自分を省みて反省すべきところは反省し、将来に向けて正しい努力を考えるのが一番ではないでしょうか。

第2章

日本経済の低迷の原因は政策だけではない

第1節　民間と地方の側の責任

低成長の原因はデフレだけか

前章で、1世帯当たりの平均所得が1994年の664万円をピークに低下してしまっており、2015年の時点でも546万円と100万円以上も低いままであることを指摘しました。その原因は、失われた20年という言葉に象徴されるように、1990年代初頭にバブルが崩壊して以降、日本の経済成長率がずっと低迷しているからに他なりません。

実際、既に述べたように、1996年から2016年にかけての20年の間、実質経済成長率は年率わずか0・7%でした。長期的な成長率がこれだけ低いということは、それだけ日本経済の生産性がずっと低いままであったことを物語っています。

だからこそ、下がってしまった収入が今後は増えるよう、安倍政権は改革を進めて、経済の生産性と潜在成長率を高める必要があるのですが、それでは、過去20年以上にわたって日本の経済成長率が低迷を続けた原因は何なのでしょうか。

ステレオタイプに言われるのは、1990年代前半にバブルが崩壊して以降デフレがずっと続いていることです。確かに、デフレで物価が下がり続けていると、多くの人が「今より将来

の方がモノの値 [illegible] 」と考え、お金を使わなくなります。企業も投資や賃上げにお金を使うよりも [illegible] を続ける方が合理的になってしまいます。デフレが経済成長率の低迷の大きな要因であることは間違いありません。

ただ、逆に言えばデフレだけが低迷の原因でしょうか。冷静に振り返ってみると、実は１９９０年代にはデフレ以外にも三つの大きな構造変化が起きており、それらが複合的に影響した結果として、日本経済は20年以上の長きにわたって低迷してきたと考えられます。

まず、１９９０年代に起きたそれらの三つの構造変化を順番に概観してみましょう。

人口減少と高齢化

第一の構造変化は、人口減少と高齢化の進行です。

日本の総人口が減少を始めたのは２００８年からですが、15～64歳という働き手の年齢層である生産年齢人口は１９９５年の８７２６万人をピークに減少を始めています。働き手の数の減少は、供給面で潜在成長率を押し下げるのみならず、需要面でも消費にマイナスとなります。

かつ、高齢化も既に１９９０年代から本格化しています。国連などの定義によると、高齢化率（人口に占める65歳以上の割合）が７％を超えた社会を「高齢化社会」、14％を超えた社会を「高齢社会」、21％を超えた社会を「超高齢社会」と言いますが、日本は１９７０年に高齢化社会になり、その24年後の1994年に高齢社会に突入しています。

高齢化社会から高齢社会に移行するまでにかかった時間は、ドイツが42年、フランスが114年であったことを考えると、日本の高齢化のペースがいかに速いかが分かるのではないでしょうか。ちなみに、日本は2007年に超高齢社会に突入しています。

高齢化の進行も、消費の低迷、社会保障支出の増加や若者世代の社会保険料の高騰などを通じて経済成長に悪影響を及ぼします。そう考えると、1990年代からの人口減少と高齢化の進行も、経済の低迷に大きく影響していると考えるべきでしょう。

ちなみに、1997年以降、年平均で50万人という世界で例を見ないペースで減少を続けた結果、2017年2月時点の生産年齢人口は7630万人と、20年間で1000万人も減少してしまいました。わずか20年で生産年齢人口が12％も減ってしまったのです。

その結果、この数年で人手不足がいよいよ深刻になったからこそ、ファミレスが24時間営業を止め始め、ネット通販による宅配便の急増に人手が追いつかない物流業者が値上げを行っているのです。

もちろん、その一方で女性と高齢者の雇用は大幅に増え、それが生産年齢人口の減少をある程度埋め合わせています。安倍政権が〝一億総活躍〟〝働き方改革〟といったスローガンを掲げてきたの[illegible]しを進めるためです。

しかし、女性や高齢者が働く場合は非正規のパートなど短時間労働が多いので、生産年齢人口の減少を完全に補うまでには至りません。2040年には生産年齢人口が5978万人と今より更に2割以上減る見通しの下で、生産性が大幅に改善しない限り、2040年代以降はマイナス成長が定着する可能性もあると言われています。

グローバル化

第二の構造変化は、グローバル化のペースが一気に速くなったことです。

歴史的に見ると、グローバル化ははるか昔、1850年代～1910年代にその第一波が、第2次世界大戦後に第二波がありましたが、それが一気にペースを速めるきっかけになったのは、1989年のベルリンの壁の崩壊と1991年のソ連邦の崩壊です。

これらによって東西冷戦が終結し、東欧の共産圏が西側の市場経済に組み込まれることになりました。更には、1980年代から改革・開放を進めていた中国でも、1990年代に江沢民の下で積極的に社会主義市場経済の建設が進められました。

その結果、それまで西側、即ち世界の市場経済圏に住む人口は30億人弱と言われていましたが、そこに共産圏の十数億人もの人口が加わったわけですから、世界の市場が一気に大きく拡大し、それを契機にグローバル化も急速に進むことになりました。

そして、グローバル化と並行して進んだのが新興国の高度成長です。日本経済が強くなったきっかけは、第2次世界大戦後の高度成長ですが、これは産業構造の観点からは農業中心の社会が製造業中心に変わっていくことでした。１９９０年代からは、それと同じことが中国を筆頭とする新興国で起きました。いわゆる新興国の工業化です。安価な労働力を利用して作られた製品をグローバル市場で売りまくることによって、新興国は高い経済成長を実現することができたのです。

即ち、グローバル化という構造変化は日本経済にとって、世界市場の拡大というチャンスと、新興国企業やグローバル企業という日本企業のライバルの増加の双方をもたらしました。

日本企業がそのチャンスを活かした面もありますが、過去20年で日本企業の世界市場における地位は大きく低下してしまいました。例えば、米国の経済誌フォーチュンが毎年発表する世界の企業番付（フォーチュン・グローバル５００）に入っている日本企業の数は、１９９５年の１４９社から２０１７年には51社にまで減少しています。

もちろん、その原因としては、日本国内でのデフレと低成長が影響しているのも事実でしょう。しかし、デフレではない欧米市場や急成長する新興国市場でも多くの日本企業が苦戦していたことを考えると、日本はグローバル化という構造変化に対応して産業構造を高度化し、また企業のビジネス構造を進化させることが十分にはできなかった面は否定できないと思います。

英国のEU離脱、米国でのトランプ大統領誕生に象徴されるように、グローバル化の進展による格差の拡大への怒りから、反グローバル化の動きも欧米では盛んです。しかし、企業が利益の最大化を目指す限り、グローバル化は今後も更に進み、グローバル競争の構図も更に進化していくでしょう。そう考えると、日本企業の更なる奮起が必要なのです。

デジタル化

第三の構造変化は、デジタル化のペースが速くなったことです。デジタル化（digitization）とは、コンピュータなどのデジタル機器、デジタル・ネットワークであるインターネット、ソフトウェアやネットを通じて提供されるデジタルのサービスと、デジタルがビジネス、行政、国民生活などあらゆる場に浸透することを指します。今の流行《はや》り言葉となっている第4次産業革命も、このデジタル化の一形態です。

1980年代からオフィスでパソコンが普及するなど、それ以前からデジタル化は徐々に進んでいましたが、そのペースが一気に速まったのは1990年代です。

その理由としては、ICチップなど半導体の処理速度の向上やソフトウェアの高度化などもありますが、1990年代半ば頃からインターネットが急速に普及し始めたことが大きく影響しています。

実際米国では1990年代後半に第1次ネット・バブルが発生し、ヤフーやグーグルはその最中に起業されました。また、2000年代半ばには第2次ネット・バブルが発生しましたが、そこではフェイスブックやツイッターが起業されています。

それでは、デジタル化の進展は経済にどのような影響をもたらすでしょうか。ネット上ですぐ情報を探せる、ソーシャルメディアで友人にいつでもコンタクトできるといった日々の生活面でのメリットを思い浮かべる人が多いと思いますが、経済活動という面からは二つの点を指摘できます。

第一は、デジタル機器・サービスの導入で企業、産業、更には経済全体の生産性を向上させることです。例えば、オフィスで会計処理を手作業でやっている中小企業は、会計ソフトやクラウドの会計サービスを導入することで作業にかかる時間を大幅に短縮できます。

ちなみに、米国では1990年代に高い生産性の上昇率が実現されましたが、多くの企業がビジネスのあらゆるプロセスにデジタルを積極的に導入したからだと言われています。

第二は、最先端のデジタル技術やネットを活用した新たなビジネスの創出やベンチャーの起業を通じて、経済を活性化することです。

例えば、グーグルは1998年に起業され、2004年に株式公開されましたが、今や時価総額6600億ドル（72兆円！）と全米第2位の企業にまで成長しています。リーマンショック以降の米国経済の回復も、シリコンバレーのネット企業が中心になって牽引《けんいん》してきたと言っても過言ではありません。

ところが、米国とは正反対に、日本は残念ながら過去20年にわたってこれらのメリットを十分に活用することができませんでした。

まず、日本ではデジタルの導入が、特に中小企業や地方ほど未だに非常に遅れています。私は2000年に、内閣官房IT戦略本部で日本政府初の「IT戦略」の策定に携わりましたが、そのときから今に至るまで、この状況は変わっていません。ちなみに、大企業でさえも欧米と比べるとデジタルの導入や活用はまだ十分とは言えないと思います。

また、日本は起業率（18〜64歳の人口に占める起業した人の割合）が諸外国と比べてかなり低いことを反映して、デジタルを活用した新たなビジネスの創出やベンチャーの起業による経済の活性化という面でも、アニメやゲーム、そして一部のネット企業を除いては、あまり多くの成果を残せませんでした。それは、日本で多くの人が使っているネット上のサービスの多くが米国企業のものであることからも明らかです。

〝縦〟から〝横〟への変化

そして、グローバル化とデジタル化の二つが1990年代から同時進行したことで、過去20

年の間に経済には大きな構造変化が起きました。それは、ちょっと難しい話になって申し訳ないのですが、ビジネス構造の〝垂直統合〟から〝水平分離〟への移行です。

特にそれが顕著な製造業を例にとって説明しますと、製造業は伝統的には、メーカーを頂点に第1次下請け、第2次下請けと幾層にもわたる下請け企業がそれに連なるピラミッド構造をしています。日本の自動車産業が典型ですが、メーカーと下請け企業が現場で性能や組み合わせなどを念入りにすり合わせつつ、下請け企業が部品を作り込み、それをメーカーが絶妙なバランスで組み合わせるという職人的な垂直統合型の構造です。

しかし、デジタル化とグローバル化は世界の製造業を大きく変えました。作り込まれた特注の部品に代わって規格化された汎用的な部品が普及し、組み立て工程もアナログ的な作り込みから汎用的な部品をはめ込むという、メーカーと下請け企業の相互依存の度合いが低下した水平分離的な構造に変わりました。

その結果、製造業のビジネス・プロセスは大きく変わりました。そのもっとも分かりやすい例はアップルの iPhone 製造プロセスです。iPhone は、

・アップルが米国で開発、デザイン、マーケティングといった付加価値の高いプロセスを行う

・部品は世界中からもっとも性能が良くて安価なものを集める
・中国の組み立て工場で最終製品を組み立てる
・中国から消費地にダイレクトに発送する

といった水平分離型のプロセスを経て完成・販売されています。

そして、グローバル化とデジタル化は製造業に限定せず、様々な業種で日本企業が得意であった系列取引という垂直統合的なプロセスに変革を迫りました。テレビ局や新聞社などのコンテンツ・ビジネスの世界でも、垂直統合のプロセスが破壊されたことで企業の業績は大きく悪化してしまいました。

残念ながら、過去20年を振り返ってみると、こうした垂直統合から水平分離へのビジネス・プロセスの変化に様々な業種の日本企業が十分にはキャッチアップできず、それが企業業績、そして日本経済の長きにわたる低迷につながった面は否定できないと思います。

〝失われた20年〟は構造変化への対応が遅れたから

以上のように、1990年代からはデフレに加えて、人口減少と高齢化、グローバル化、デジタル化という三つの大きな構造変化が日本経済で始まりました。それらのもたらすインパクトの大きさを踏まえると、20年以上にわたる日本経済の低迷の原因は単にデフレだけではないと考えられます。

もちろんデフレが日本経済に大きな悪影響を及ぼしたのは間違いありませんが、同時に、政府や企業などの経済主体がそれらの構造変化に適切に対応できなかったからこそ、20年以上の長期にわたって経済が低迷を続けたと考えるべきではないでしょうか。

例えば、1980年代までは日本の電機メーカーは、日本はもちろん海外でも繁栄を謳歌《おうか》していましたが、サンヨー・シャープ・東芝といったかつての有名メーカーの凋落《ちょうらく》、スマホなどのデジタル機器市場での日本企業の苦戦からも分かるように、今や世界市場では見る影もない状態です。しかし、デフレはあくまで国内的な要因であり、海外でのビジネスには関係ありません。グローバル化とデジタル化への対応が遅れたことが原因と考えざるを得ないのです。

ちなみに、ダーウィンの進化論をご存知でしょうか。地球45億年の歴史の中で滅びた種（DNA）もあれば生き残った種もあるが、どうしてそのような差が生じたかを探究した学問ですが、その結論を一言で言うと、

〝地球の歴史を生き残った種というのは、もっとも力強い種が生き残ったわけではない。もっとも賢い種が生き残ったわけでもない。結果的に生き残ることができたのは、環境変化にもっ

とも適応した種である〟

となります。

この観点から考えると、デフレ、人口減少と高齢化、グローバル化、デジタル化というのは、どれも大きなインパクトをもたらす環境変化です。そして、これだけ長期にわたって日本経済が低迷しているのは、政府や企業といった経済主体はもちろん、日本経済が全体としてそれらの環境変化に十分に適応して進化することができなかったからだと結論づけられます。

民間・地方の側の責任

以上から、20年以上にわたる日本経済の低迷の原因は政府の経済政策だけではないと言うことができると思います。

もちろん、日銀が今のような大胆な金融緩和に早い段階で取り組んでいれば、デフレが20年以上にわたって続くようなことはなかったでしょう。また、政府が早い段階から抜本的な構造改革に取り組んで、構造変化に適応して雇用や社会保障など様々な制度を改革し、また様々な産業・分野に根強く残る岩盤規制の改革を進めていれば、経済の生産性と潜在成長率も高まり、日本経済はここまで低迷しなかったはずです。

ただ、デフレ、人口減少と高齢化、グローバル化、デジタル化といった構造変化によって変容する市場に対応して新たなビジネスモデルを創出し、新たな製品やサービスを生み出すのは民間企業の役割です。また、人口減少と高齢化によって地方経済が疲弊・衰退するのは以前から分かっていたことですから、それへの対応策を講じるのは地方自治体の役割です。

そう考えると、日本経済の20年にわたる低迷の責任は、政府だけではなく、民間企業や地方自治体の側にもあると言うことができます。

実際、第1章で生産性と潜在成長率を高めないと日本経済の将来は厳しいと説明しましたが、経済の生産性を高めることができるのは政府の政策だけではありません。

政府の政策がダメで改革が進んでいなくても、民間や地方が環境変化に適応してやるべきことをやって、自分の領分、つまり民間企業なら自分のビジネス、地方自治体なら地元経済の生産性を高めることができていれば、日本経済全体は右肩下がりになっていても、少なくとも自分の領分の潜在成長率は高まって景気が良い状態を長く続けることができたはずです。

働く人の観点から言えば、環境変化に適応して生産性を高めた企業で働いている人の所得は全体の傾向に関係なく上昇したはずですし、地元経済の生産性を高めた地方自治体に住んでいる人の所得は、他の自治体に比べて相対的に高い水準を維持できたはずなのです。

それでは、民間企業や地方自治体は自分の領域の生産性を高めるために何をすべきだったのでしょうか。その答えは、〝イノベーション〟を継続的に創出するということに尽きます。逆に言えば、民間や地方でのイノベーションの創出が少なかったことも、過去20年以上にわたる日本経済の低迷に大きく影響しているのです。

第2節　イノベーションの重要性

イノベーションとは何か

ただ、日本ではこのイノベーションという言葉が間違って理解されていることが多いように感じられます。イノベーションの日本語訳が〝技術革新〟となっているくらいですから、技術系の企業や大学で長年にわたる研究開発の末に生み出された新しい技術的・科学的なアウトプット、例えばノーベル賞を受賞するような難しい研究の成果がイノベーションと考えられがちです。

しかし、ノーベル賞を受賞するような研究成果は、何もない状態から新たなものを生み出す、つまりゼロの状態からイチを創り出す行為ですので、分類学上はイノベーションではなく〝インベンション〟、つまり発明に属します。

それでは、イノベーションとは何でしょうか。イノベーションという言葉を１００年前に初めて定義した経済学者シュンペーターによると、イノベーションとは〝ニュー・コンビネーション〟(new combination)を創り出すことに他なりません。ちなみに、このニュー・コンビネーションの日本語訳は〝新結合〟という古めかしい言葉となっているのですが、今の言葉で言えば〝新しい組み合わせ〟を創り出すことです。

即ち、ゼロの状態からイチを生み出す発明とは異なり、既に世の中に存在するもの、自分の周りにあるもの(生産手段、資源、技術、知識、ノウハウ、ブランドなど何でも)の新しい組み合わせを創り出して新たな付加価値を創造する、つまり1＋1で単に2になるものではなく、3とか4になる組み合わせを創り出すことがイノベーションなのです。

だからこそ、英語のイノベーションの範囲は非常に広く、日本でイメージされがちな技術関連(テクノロジカル・イノベーション)のみならず、企業がビジネスモデルを新しくする、モノやサービスの作り方や売り方を新しくする、広告・宣伝で新しいアプローチを取り入れる、といった技術とまったく関係のないものも含まれ、それらは総称してビジネス・イノベーションと呼ばれています。

更には、政府や自治体が前例のない新たな政策を講じることもイノベーションに含まれますが、政策でのイノベーションの創出とは、言葉を換えれば第1章で強調した改革を進めることに他なりません。

AKB48はその他にも多くのイノベーションを連続して創出しているからこそ、長期にわたって成長を続けられていると言えます。秋元康氏を中核とするAKB48のビジネスを支えるチームのイノベーティブさ、クリエイティブさには敬服するしかありません。

また、エイベックスはCDを制作して売ることをコアビジネスとするレコード会社ですが、ネットやスマホの普及、若者のコンテンツ消費行動の変化といった環境変化を受け、CDを作って売るという伝統的なビジネスモデルへのこだわりを捨て、携帯キャリアやネット企業などと組んで動画配信サービスや音楽聴き放題サービスを始めています。

音楽ビジネスとネット・スマホの〝ニュー・コンビネーション〟によるイノベーションについてはこれまで、ネット企業などは積極的に創出しようとするものの、レコード会社は他業種からの音楽ビジネスへの侵食を警戒して受け身に対応してきました。その中で、エイベックスはリスクを取って巨額の投資までして自ら動いたのです。このようにイノベーションの創出に貪欲だからこそ、音楽業界に吹き続ける逆風の中でまだまだ順調とは言えないものの、エイベックスは成長を続けていられるのです。

音楽業界以外でも、縮小を続ける業界でイノベーションを創出した企業が成長している例はたくさんあります。例えば、カラオケ、更には漫画喫茶といった成熟産業でさえも、面白いイノベーションを創り出している企業はちゃんと好業績を記録しているのです。

地方自治体のイノベーション

地方経済の活性化の観点からも、イノベーションの重要性は変わりません。現在、日本全国の自治体が人口減少に対処すべく〝地方創生〟に取り組んでいますが、大半の自治体で失敗に終わるでしょう。毎年政府が用意する地方創生予算の獲得ばかりを頑張っているからです。

予算の獲得も大事ですが、第1章で説明したように、予算を獲得して地元で使うだけではその地域の経済を短期的にしか良くできません。それを長続きさせるには、自治体の政策や地元経済でイノベーションを創出して、その地域の生産性と潜在成長率を引き上げることが不可欠なのです。

それを実践している自治体は既に地方創生に成功しています。例えば、長野県南部にある下條村は、山間に位置するので日本全体に先んじて高齢化と人口減少が進み、1990年には人口が3900人にまで減少してしまいました。

そこで村長が、村の公共事業費を9割も削減し、独自予算を捻出してアパートを建設して若いファミリー世帯の移住を促す、予算を削減した分の公共事業は住民にやってもらう、村の公務員を民間企業に出向させるなど、村の政策でイノベーションを創出し続けました。

その結果、20年後の2010年に下條村の人口は4200人にまで増加しました。今は全国的な人口減少のペースの加速などの影響を受けてまた人口が減少に転じているとはいえ、日本全体で人口減少と高齢化が進んだ1990〜2010年の間に、山奥の村が政策のイノベーションにより人口を増加させることに成功したという事実は、イノベーションの威力の大きさを端的に物語っていると思います。

一方で、地元の経済でイノベーションを創出することで地域経済の活性化に成功しているところもあります。その典型例は福岡市です。

永田町・霞が関で「今一番元気な都市はどこか」と聞くと多くの人が福岡市と答えます。その理由は、市長が〝福岡市を日本でもっとも起業しやすい場所にする〟、つまり、起業を増やすことにより地元経済でのイノベーションの創出を目指し、政府の国家戦略特区の指定を受けて起業の障害となる規制を緩和する、起業のイベントを主催・誘致する、市長自ら宣伝を頑張るなど、様々な取り組みを進めたからです。

その結果、有名ネット企業が福岡市にオフィスを置いたり、また実際に起業する若者が増え、アジアからの観光客の増加と相まって、今や福岡市は大阪や名古屋よりも元気な都市と評価されるまでになったのです。

これからの2年間は民間と地方も真価を問われる

以上のように、イノベーションはどんな産業や企業、そして地方自治体でも創出可能であり、仮に政府の政策がダメで日本経済が今後も低迷を続けても、しっかりとイノベーションを生み出し続けている企業や地方は、生産性と潜在成長率を高めて景気が良い状況を長く続けられるのです。

このように考えると、第1章で述べたように、日本経済の再生のためには、2020年までの2年間に安倍政権がどれだけ改革を進められるかが問われるのですが、同時に、その2年間に民間や地方の側もどれだけ自分の領分でイノベーションを創出できるかも問われているのです。

もちろん安倍政権が改革をしっかりと進めてくれれば、日本経済全体の生産性と潜在成長率が高まりますので、すべての産業、企業、そして地方にその恩恵が行き渡ります。

それが一番望ましいのは間違いないですが、過去5年はあまり改革が進まなかったという現実からも、安倍政権がこれからの2年間に改革をちゃんと進めるかは分かりません。むしろ、2017年秋の衆院選で与党が大勝したことを考えると、安倍政権は悲願の憲法改正の方に政治的リソースの多くを投入する可能性が高いので、実際には改革があまり進まない可能性の方が大きいかもしれません。

だからこそ、景気の先行きについては政治依存、政策頼みになり過ぎず、すべての産業、企業、そして自治体がイノベーションの創出を頑張って、少なくとも自らの領分の生産性と潜在成長率は自分の力で上げるようにしなくてはならないのです。

はっきり言えば、バブル崩壊以降、民間や地方はイノベーションの創出で自らの領分の景気を良くすることができず、景気の先行きについては政府の政策にばかり依存してきた面があると思います。実際、メディアでは改革派っぽい立派な発言をする大企業の社長や大自治体の首長の意外と多くが、実際には政府の補助金などをたくさん獲得して業績や地域経済の悪化を凌《しの》いでいました。

しかし、2020年までの2年間は日本経済の再生のラストチャンスなのですから、もう政府に甘えるのは止めて、企業も自治体も自分の領分の景気は自分で何とかするくらいの気概が必要なのです。

幸い、これからの2年間はイノベーションを創出する絶好のタイミングです。2020年の東京オリンピックに向けて世の中は盛り上がるし、世界中が日本に注目するので、新しい需要を創り出しやすいからです。

日本は1964年の東京オリンピックのときにそれを経験しています。例えば、前回の東京オリンピックを契機に大きく成長した産業が二つあります。

一つは警備産業です。その2年前に警備サービスを提供するセコムが起業されましたが、世界中から要人が集まる東京オリンピックで飛躍のチャンスを摑《つか》みました。そして、セコムの急成長を見て多くの企業が警備サービスに参入し、今や警備産業は警備員だけで50万人以上を雇用する一大産業に成長しました。

もう一つはファミレスです。前回の東京オリンピックの選手村で、いかに効率的に多量の食事を毎日用意するかという観点からセントラルキッチンの仕組みが作られ、それがベースとなってファミレスが勃興・成長し、今や日本に不可欠な存在になりました。

また、前回の東京オリンピックを契機に世界中に広まった日本発のマークがあります。それは、公衆トイレのマークです。世界中どこでも、たいてい男性用トイレを示すマークは青か黒で男性のシルエット、女性用トイレは赤で女性のシルエットになっていますが、このマークは前回の東京オリンピックのときに日本で初めて作られて使われました。

日本語が分からない外国人がたくさん来るので、彼らが確実に分かるようにと日本のデザイナーたちが作ったと言われています。実際に分かりやすく、素晴らしいイノベーションであったからこそ、そこから世界に広まったのです。

第3節　日本の強みと弱み

日本の弱みは〝日本的エリート〟の人たち

読者の皆さんがあまり関心がないであろうイノベーションについて長々と説明してしまい、申し訳ありませんでした。これから説明する大事な内容を理解していただくために必要だったので、ご容赦いただければと思います。

さて、仮に安倍政権が改革を進めず、日本経済が2020年以降低成長に陥ったとしても、イノベーションを創出している企業や自治体は景気が良い状況、即ち高い成長を続けられることを説明してきました。

それは働く人の観点から考えると、自分が働いている企業、そして自分が住む自治体がイノベーションを創出しているかどうかが、自分の将来の収入に影響を及ぼすことを意味します。

例えば、自分が働いている企業がイノベーションを創出していなければ、その企業の業績は世の中の景気に依存することになるので、経済が低迷を続ければ収入もあまり増えないことになります。逆に、イノベーションを継続して創出している企業で働いているなら、その企業の業績は良い状況が続くので、経済全体が低迷して日本全体の平均収入が伸びていなくても、それと関係なく自分の収入は増えていくはずです。

同様に、自分が住む自治体がイノベーションを創出していないと、その地域の経済は長期的には停滞するので、仕事の種類に拘わらず収入の伸びはあまり期待できないかもしれません。逆に、イノベーションの創出に熱心な自治体に住んでいたら、他地域より高い収入の伸びが期待できるでしょう。

実際、米国の都市による収入の違いを研究した結果を見ると、クリエイティブな人（イノベーションを創出できる人）が多く住む都市では、イノベーションと無関係なレストランなどの地域のサービス産業で働く人の平均収入も、他の都市より高くなっています。

それでは、過去20年以上も日本経済が低迷する過程で、なぜ民間や地方でイノベーションが少なかったのでしょうか。例えば家電の世界を見ると、１９８０年代は日本の家電メーカーが世界市場を席巻していましたが、近年で革新的と言える製品はアップルのiPhone、iRobot社のルンバ、ダイソンの掃除機など、外国の企業の製品ばかりです。もちろん、日本の家電メーカーの製品には優れたものが多いのですが、イノベーティブと言えるものは意外と少ないと言わざるを得ません。

その理由は、日本のエリート層が弱いということに尽きると思います。正確に言えば、日本的エリートはイノベーションの創出には向かないのです。それを物語る話を一つ紹介しましょう。

米国のiRobot社が大ヒット商品のルンバを発売する前に、日本のある家電メーカーの現場の技術チームがほぼ同じような新製品の企画を考えていたそうです。しかし、その企画を担当の役員に上げたところ、「そんな自分で勝手に動き回る掃除機を作って、階段から落ちたらどうするんだ」と言われたことで、製品化は見送りになったそうです。

ところが、iRobot社がルンバを発売して世界的な大ヒットになると、その家電メーカーは当然のようにルンバの二番煎じのような製品を出しています。ただ、所詮は二番煎じですので、当然ながら大ヒットには至っていません。

この話が如実に示しているのは、日本の弱みは日本的エリートの人たち、即ち日本の有名大学を卒業して有名企業や霞が関の役所に就職し、終身雇用の仕組みの下で組織内の出世街道を歩んで企業や役所の幹部に上り詰めた人たちだということです。

イノベーションが少ない理由

こうした日本的エリートは、学校ではテストで良い点を取って受験戦争を勝ち抜き、就職したら減点主義の日本的組織の中での出世競争を勝ち抜いてきた弊害で、前例がないことはなかなかできないという特徴があります。その他にも、前任者や先輩がやってきたことは否定できない、一緒に出世の階段を上がってきた仲間が困るようなことはやらない、といった傾向も強いです。私が20年働いてきた霞が関の官僚は、まさにその典型です。

しかし、イノベーションとは前例のないものを創り出すことに他なりません。かつ、シュンペーターの〝創造的破壊〟という言葉からも分かるように、イノベーションは市場のみならず既存の組織などにも破壊的な影響をもたらすものでもあることを考えると、日本的エリートにイノベーションの創出を期待するのがそもそも無理なのです。

もちろん、イノベーションを創出し続け、人格的にも尊敬できる立派な経営者や官僚の幹部が少数ですが存在することも事実です。しかし、やはり大企業や役所の幹部の多くは、イノベーションの創出とかビジネスの合理性よりも組織の内部的な論理を優先することで出世し、サラリーマンの成れの果てとして今の地位に辿《たど》り着いた日本的エリートの人ばかりです。

だからこそ、日本企業は2016年度で406兆円と過去最高の内部留保を抱え、その半分程度は現預金である（財務省・法人企業統計）にも拘わらず、将来見通しの不確かさを言い訳に、それを思い切った投資や賃上げに使っていません。それなしにイノベーションを創出できるはずがないし、また先行きが不透明な中でもリスクを取ってイノベーションを創出し続けるのが経営者の役目のはずなのに、です。

2017年暮れに安倍首相が、幼児教育無償化の財源捻出のために経済界に3000億円の拠出を要請したら、経済界はすぐに了解しました。それだけ巨額の資金を出す余裕があるならもっと社員の賃上げを行えるはずなのに、自らリスクを取ることになる賃上げはしないけれど、その一方で自分より偉い人から言われたら二つ返事ですぐに巨額の資金を出す。この経済界トップの経営者の中間管理職サラリーマン的な行動こそが、日本的エリートの限界を端的に示していると思います。

ちなみに、そのようにダメな経営者や官僚の幹部が多くて、なぜ日本は高度成長期や1980年代に高い成長を続けられたか疑問に思う方もいらっしゃるかもしれません。その答えは簡単で、世の中全体が右肩上がりで先を見通せる時代には、経営者がダメで前例を踏襲した経営判断しかできなくても企業は勝手に成長していきますし、ダメな官僚の幹部が間違った政策を講じても悪影響は目立たないからです。

しかし、1990年代を境に右肩上がりの時代が終わり、またデフレ、人口減少と高齢化、グローバル化、デジタル化といった構造変化が本格化したことで、日本は変化が激しく先行きを見通せない時代に突入しました。そこでは、国のみならず民間、地方のレベルにおいても、リーダーが自らリスクを取って果敢な決断を行ってイノベーションを創出しない限り、成長を続けることはできません。

ある意味で、日本が1990年代以降に低成長が当たり前の時代に突入したことで、初めて経営者や官僚の幹部の資質が問われるようになり、日本の弱みとして日本的エリートの存在が際立ったと言えると思います。

日本の強みは現場の力

ところで、日本の弱みは日本的エリートの人たちであり、彼らがイノベーションの障害となっている一方で、日本は世界に誇れる強みを有しているのをご存知でしょうか。それはエリートではない人たち、つまり民間と地方を通じた現場の力です。

既に説明したように音楽業界でイノベーションが多いのは、この業界にはいわゆる典型的な日本的エリートがいないからだと思います。例えば、エイベックスの松浦社長は、元々は貸しレコード屋の店長と、エリートとは程遠い存在ですが、大きなリスクを取ってイノベーションを創出し続けようとする姿勢は、メディアで偉そうなことを言いつつ水面下で政府の補助金などに依存し続ける大企業の経営者より圧倒的に立派です。

その他にも、例えば日本のラーメンが、ラーメン発祥の地である中国よりも断然美味《おい》しく世界的にも人気となっているのは、ラーメン屋の経営者というエリートではない人たちが、オタク的に工夫や改善を加え続けた結果に他なりません。中国発祥の豆腐も日本の方が圧倒的に美味しいのだって、まったく同じ理由からです。

また、下條村の村長も地元の民間企業出身でエリートでも何でもない普通の人でしたが、霞が関のエリート官僚よりもよっぽど多くの政策のイノベーションを生み出しました。

先に紹介したように、日本のある家電メーカーの現場の技術チームが米国のiRobot社より先にルンバと同様のものを企画していたという事実も、現場の力がいかに秀でているかを示しています。

現場の力が強いのは企業や役所の組織の大小を問わないはずです。だからこそ、日本的エリートが上層部で舵《かじ》を取る大企業や政府の役所ではイノベーションが少ない一方で、日本的エリートがいない小さな企業、市町村レベルの小さな役所では、意外なほど多くのイノベーションが創出されているのではないかと思います。

ちなみに、日本の強みはエリートではなく現場の力だというのは、戦後や高度成長期といった最近時点で始まったのではなく、証拠がある限り少なくとも中世の頃から続いている日本の伝統であるのをご存知でしょうか。

例えば、1543年にポルトガル人が種子島《たねがしま》に火縄銃を持ってきました（鉄砲伝来）。学校の日本史で習うのはこの事実だけですが、日本の強みを考える上で大事なのはその後です。

日本史に詳しい方によると、まず種子島に住む刀鍛冶がその年のうちに火縄銃の複製を作れるようになり、それから10年後には、日本全国で多くの刀鍛冶が火縄銃の複製を作れるようになったそうです。しかも、当時の世界の火縄銃と比較してもかなりクオリティの高いものを作っていたそうです。

この刀鍛冶という現場の力が強かったからこそ、世界中で戦や合戦が行われていた16世紀後半、当時の日本は世界最強の鉄砲隊を有していたと言われています。例えば、1575年の長篠の合戦で織田信長が歴史的な勝利を収めていますが、その要因の一つが3000人という鉄砲隊の数でした。実際、フランスでもちょうど同じ16世紀後半の1587年に、当時の国王アンリ4世が戦争で歴史的な勝利を収めていますが、そのときの鉄砲隊の数は300人と日本のわずか10分の1でした。

また、近代の話で言えば、第2次世界大戦の最中に日本軍を分析した米軍のレポートを見ると、〝日本の前線の兵士は非常に手強《てごわ》いが、指揮官は全然ダメだ〟といった趣旨のことが書かれています。日露戦争のときのロシア軍による日本軍の分析もほぼ同じでした。

そして、人口減少と高齢化が進む現在も、この現場の強さは失われていません。2011年の東日本大震災の後の東北地方がそれを証明しています。震災が起きた直後、前例のない大震災ゆえに永田町や霞が関は混乱を極め、エリートたちの意思決定は大きく遅れました。その一方で、東北の現場の人たちは震災の翌日から復興に取り組んだので、例えば東北の多くの工場は震災から1ヶ月も経たないうちに部分的にせよ操業を再開しています。震災の被害の大きさを考えると驚異的な速さです。

私は個人的に、日本の現場の力の強さは、特にオタクの要素かヤンキーの要素を持っている人ほど発揮できると思っています。オタクの要素は、アニメ制作のようなクリエイティブな仕事や技術系の仕事など、突き詰めるのが必要な現場で活きますし、ヤンキーの要素はサービス業や営業系など、気合いや根性が必要な現場で活きます。実際、地方で成功しているサービス業の経営者の意外と多くが元ヤンキーです。

日本を代表する偉人の一人である野口英世博士は「モノマネから出発して独創にまで伸びていくのが、我々日本人の優れた性質であり、たくましい能力でもあるのです」と述べていますが、この指摘はオタクかヤンキーの要素を持つ現場の人ほど当てはまると思っています。

ちなみに、日本的エリートの人たちを観察していて、オタクの要素とヤンキーの要素のどちらも持っていない人たちほど、能力的にも人間的にもイマイチだと勝手に思っています。

ダメ経営者と強い現場の組み合わせという悲哀

以上説明してきたように、日本経済の弱みは日本的エリート、つまり受験戦争とサラリーマンの出世競争の成れの果てとして企業のトップにまで上り詰めたダメ経営者であり、それに対して日本経済が未だに世界に誇れる強みは現場の力だと思います。

そして、2017年は、特に大企業に多いこのダメ経営者と強い現場の組み合わせの悲哀を改めて感じさせられる年だったと思います。

第一は、東芝です。かつては日本を代表する電機メーカーであったのに、3代にわたる経営者の粉飾決算によって債務超過に陥りました。3人の社長が、ビジネスモデルの刷新などを含むイノベーションの創出によって経営を改善するよりも、自分の名誉（経団連の会長になりたい、政府の枢要な審議会の委員のポストを守りたい）とおそらくは地位・収入を守ることを優先して、東芝の業績を毎年見かけ上良くすることだけのために常軌を逸した経営判断を続けたからに他なりません。

かつ、東芝は2017年に上場廃止の危機に陥りながら、赤字解消の切り札である半導体メモリ事業の売却先を決定するまでに半年以上も迷走を続けたのも、社内での派閥抗争や政府の介入などがあったにせよ、やはり今の社長が前例のないリスクの大きな決断をすぐに下せなかった典型だと思います。

かつては典型的な優良企業であった東芝が、これも典型的な日本的エリートのダメ経営者によって倒産の淵にまで追い込まれたのです。

そして、その一番の被害者は、未だに良い製品を作る技術や能力は十分にあるのにリストラにあった現場、つまり従業員の皆さんです。おそらく従業員の方々は、東芝は伝統ある大企業だから就職すれば一生安泰と思って入ったはずです。それなのに、ダメ経営者の間違った経営判断の被害をもろに受け、まず業績悪化で給料が下げられ、次にリストラもされ、とひどい仕打ちにあったのです。

よく考えると、数年前のシャープも同じでした。当時の経営者が液晶パネルへの過大な投資という間違った経営判断をした結果、会社が危機に陥り、結局2016年に台湾の企業に買収されましたが、その過程では多くの現場の社員が大規模なリストラの憂き目にあっています。東芝と同様に、ダメ経営者と強い現場という組み合わせの下で、現場の社員が経営悪化の尻拭いをさせられたのです。

そのシャープも2017年になって、かつての〝目の付けどころが、シャープでしょ〟というキャッチフレーズを彷彿《ほうふつ》させるような面白い新製品が出始めましたので、大規模なリストラの後も現場の力の強さはDNAとして残っていて、それが優れた経営者とセットになるとまた力を発揮することを実感しました。

第二は、神戸製鋼でのデータ偽装、そして日産自動車とスバルでの完成車の無資格検査です。どちらも、社内のガバナンスの欠如、法令遵守意識の低さといった文脈から考えられがちですが、ダメ経営者と強い現場の組み合わせゆえに起きたという側面も否定できないのではないかと思います。

神戸製鋼を例に考えると、製品のデータ偽装は長年にわたって現場で行われ、経営者はその事実を知らなかったようです。それは裏を返せば、鉄鋼市場での熾烈《しれつ》なグローバル競争に直面して、ダメ経営者が抜本的な対応（ビジネスモデルの変更、人員の抜本的拡充など）を取らず、現場が強いゆえに、現場に頑張らせて乗り切ろうとした結果ではないでしょうか。現場ではおそらく人手も足りない中で、製品の実際の品質には問題ないからとやむなくデータ偽装に手を染め、ダメ経営者が現場の疲弊した実情に関心を示さない中で、現場ではそれが脈々と引き継がれてしまったのではないかと思います。

おそらく、この結果として神戸製鋼の業績は今後かなり悪化するでしょう。その場合、業績立て直しのためにまず行われるのは社員の給与カットやリストラでしょうから、やはり強い現場の社員が一番にそのしわ寄せを受けるのです。

その神戸製鋼と好対照なのがヤマト運輸だと思います。ヤマト運輸は、eコマースによる宅配便の取扱個数の激増、いわゆる物流クライシスに直面して、現場の頑張りだけでは限界があると考えたのでしょう、経営者が、企業相手の安値での引き受けを止めて価格を引き上げる、2017年度に1万人もの前例がない大量の中途採用を行う、といった経営判断のレベルでの抜本的かつ正しい対応を行いました。

これでヤマト運輸は長期的にはより一層発展するはずです。優れた経営者と強い現場の組み合わせがいかに力を発揮するかの典型例ではないでしょうか。

ダメ経営者の下で働くリスク

ダメ首長のいる地域に住むリスク

それと同様に、日本的エリートのダメな首長のいる自治体に住んでいても、明るい将来は見えてきません。

典型例を紹介すれば、ある自治体（都道府県レベル）は、本来かなり大きな成長のポテンシャルを持っています。その自治体が強い農業や漁業は成長産業ですし、かつ外国人観光客もどんどん増えているので、観光開発の余地もかなり大きいからです。

それにも拘わらず、その自治体の首長は就任以来ずっと大した改革を進めていない、つまり政策のイノベーションを創出していないので、そのポテンシャルが全然現実のものとなっていません。その自治体では何もしなくても農業、漁業、そして観光は強いので、最低限の景気は維持できていますが、そのポテンシャルの大きさを考えるともったいない限りです。

実際、その自治体の平均所得は長年にわたってあまり増加しておらず、日本全体の平均と比べてもかなり見劣りします。

それでは、なぜその自治体の首長は下條村の村長のように政策でイノベーションを創出しないのでしょうか。知事は元官僚という典型的な日本的エリート、しかも改革派官僚ではなく保守的な官僚だったので、改革を進めて地元の既得権益との間で軋轢《あつれき》が生じるよりも、強い政治力を持つ地元の既得権益の側と協調して現状維持を優先しているからです。

同じことがその自治体の中心都市にも言えます。その中心都市では、観光客の増加で一部が潤っている以外、そこまで景気の良い話は聞こえてきません。その理由は、同様に政策でイノベーションが創り出されていないからです。

それと比べると、ドイツの最北エリアに位置する都市ハンブルクは、交通の便を考えても不便な場所にあるのに、数年前にはドイツ国内で若者が住みたい都市の上位に入ったくらいに、街の魅力が高くなりました。その理由は、港エリアの再開発、そこで仕事をするベンチャー企業や若者への支援など、自治体が政策のイノベーションを頑張ったからに他なりません。

この現実からも、実はどの地域に住むかという判断も、自分の収入を増やすという観点からは大事なのです。特に人口減少と高齢化が急速に進む日本では、ダメな首長のいる地域に住んでいると、イノベーションがあまり創出されないのでその地域の生産性も潜在成長率も高まらず、将来的にはその地域の経済が衰退して、そこで働く人の収入も繁栄している地域ほど増えないという点で、それ自体が将来に向けたリスクになりかねないのです。

ちなみに、自治体が提供する社会保障サービスの観点からも同じことが言えます。意外と知られていませんが、自治体によって、例えば出産や保育の手当て、教育への補助など、住民に提供される社会保障サービスの水準や手厚さには大きな差があります。

住民向けの社会保障サービスをどのような水準にするかという政策判断には、当然ながら戦略性やイノベーションの要素が含まれますので、社会保障サービスが手厚い自治体に住むようにするという判断は、将来に向けたリスクを軽減する観点から重要ではないかと思います。

自分が働く会社や住む地域をリスクとしないために

本章では、自分の収入を増やすという観点から、どちらかと言えば周辺知識に近い内容を説明してきました。

しかし、それは読者の皆様に勉強してもらいたいからではありません。むしろ、自分の収入を増やす、将来不安を減らすといった目的を達成するために必要となる〝自分の周りをよく見る目〟を養ってほしいと思っているからなのです。

第1章で説明した生産性や潜在成長率という概念は、基本的には国家経済の長期的な成長のポテンシャルを考える際に使われます。ただ、この概念は、自分が働く企業や自分が住む地域の経済のパフォーマンスや先行きを予測する際にも応用できます。

というのは、自分の収入が増えるようにするには、経済全体もさることながら、自分が働く企業の生産性、自分が住む地域の経済の生産性が高い方が圧倒的に有利となるからです。

そして、企業や地域の生産性と潜在成長率を高めるために必要なのがイノベーションの創出なのですが、大企業の経営者や大自治体の首長に多い日本的エリート、つまり前例のないことがなかなかできない人たちがその障害となっている場合が多いのです。

だからこそ、自分が働く企業、自分が住む地域といった自分の周りをよく観察して、イノベーションの創出に向けて経営陣や首長がリスクを取っているか、企業の経営体制はリスクがある意思決定をできているか、他の企業や自治体と比べて生産性が高いと言えるかといった点について、目を凝らして見極めておくことが大事なのです。

その上で、自分が働く企業や自分が住む自治体はダメだと思ったら、働く企業を変える転職という決断や、住む地域を変える転居という決断も自分の今後の選択肢として真剣に考えるべきです。残念ながら、有名大企業に就職すれば生涯安心、大都市に住んで仕事をするのが良い、といった時代はとっくに終わってしまっているのです。

そして、このように生産性という観点から自分の周りをよく見て、自分が働くところも住むところも自分の収入が上がりやすい環境を追求した上で、自分の収入を増やすのに一番ダイレクトに効果のある〝自分の生産性を高める〟ことに集中すべきではないかと思います。その具体的なアプローチ、自分の生産性を高めるやり方については第4章で説明したいと思います。

第3章 年金はもらえるのか、社会保障は大丈夫なのか

第1節　持続性に疑問符がつく今の社会保障制度

第1章、第2章では働く人の収入が今後ちゃんと増えていくのか、そのためには何が必要かについて考えましたが、どうやって家計不安や将来不安を払拭するかの具体策を考える前に、収入を補完・代替する役割を果たしている社会保障制度についても、その現実を知っておく必要があります。そこで、本章では、将来ちゃんと年金はもらえるのだろうか、医療や介護の将来はどうなるのだろうかといった点について考えたいと思います。

どの世論調査を見ても、多くの人が社会保障の将来に不安を感じていますが、これはやむを得ないと言わざるを得ません。そもそも社会保障制度は非常に複雑で分かりにくい上に、政府の借金が1000兆円を超えて世界最悪と聞かされれば、不安になって当然です。

しかも、政府は「年金は100年大丈夫」と主張し、一部の専門家も年金制度は大丈夫と言いますが、将来破綻すると言う専門家も多いので、より一層何が正しいのか分からなくなっているると思います。

ただ、本書の目的は社会保障制度の仕組みや問題点を詳しく解説することではなく、経済の知識がなくても今後の社会保障がどうなるかをざっくりと理解してもらうことなので、制度の細かい解説は抜きにして、俯瞰《ふかん》的な形で説明したいと思います。

さて、社会保障が将来大丈夫かを考えるのは結構大変です。年金、医療、介護とそれぞれの制度自体が非常に複雑で問題が多いことに加え、例えば年金ならば基礎年金の1／2が国庫負担であるなど、政府の巨額の財政資金が投入されているので、それを将来ずっと続けられるかという問題もあるからです。

従って、社会保障制度の将来を考えるに当たっては、高齢化が急速に進む中で今の制度が将来も持続可能なのか、そして財政再建の影響をどの程度受けるのか、という二つの面を考える必要があります。

賦課方式による年金は高齢化社会では持続不可能

そこで、まず年金の制度について考えてみましょう。

日本の年金制度は2種類に分かれています。すべての国民が対象の国民年金（基礎年金）と、企業や役所に勤めるサラリーマンを対象とした厚生年金です。

例えば自営業者などは国民年金だけであるのに対して、サラリーマンはそれに加えて厚生年金も受給できるので、よく国民年金は年金の1階部分、厚生年金は2階部分と言われます。

国民年金の半分は国庫が負担しますので、現状では、個人の保険料負担は月額1万6490円（2017年度）で、それを40年（20歳から60歳になるまで）払い続けると月額約6万5000円の年金を受給できます。

また、厚生年金の保険料率は報酬の18・3％ですが、その半分は雇用主が負担しています。夫が平均的な収入（月額42・8万円）で40年間働き、妻が専業主婦の世帯だと、夫婦二人分の国民年金を含めて月額約22万円の年金を受給できます。

しかし、制度面で問題が多いため、この水準の年金を将来も維持することはほぼ不可能と言わざるを得ません。細かい問題を指摘し出したらきりがないので大きな問題に絞ると、三つの問題点を指摘することができます。

第一は、今の年金制度の根幹である賦課方式は高齢化社会では永続的ではないということです。

日本の年金制度は、元々は積立方式、つまり自分が払った年金保険料は将来的に自分の年金として返ってくるという仕組みでした。しかし、年金基金の運用利率などであまりに楽観的な前提を置く一方で高い年金支給額を約束したため、積立方式では制度の持続が不可能となり、賦課方式、つまり今の現役世代が払った保険料で今の高齢者への年金を賄うという方式に変わりました。悪い表現で言えば、今の年金制度には自転車操業の要素があるのです。

この賦課方式は人口が増加を続け、高齢者に対する現役世代の割合が高まらない社会では、高齢者に給付される年金の合計が現役世代の支払う年金保険料の合計を大きく上回り続けることはないのでよいのですが、今のように人口減少と高齢化が急速に進む社会では持続不可能と言わざるを得ません。

実際、年金制度が始まった当初の1965年は現役世代9・1人で高齢者一人を支えていたのが、今や2・2人で支えており、2065年には1・3人で支えることになります。もちろん、女性や高齢者の労働参加が進めばこの割合は多少緩和されるにしても、それでも賦課方式を続ける限りは年金支給額が保険料収入を上回り続け、年金基金が将来的に枯渇してしまう可能性は否定できません。

高齢者にお得過ぎる仕組み

第二は、今の年金制度は高齢者にお得過ぎる仕組みになっており、この観点からも高齢化が今後さらに進む中では持続不可能ということです。具体的には、非常にざっくり言って今の年金制度は、年金支給開始年齢の65歳から受給を始めて10年で元が取れる仕組みとなっているのです。

例えば、国民年金のみを受給する自営業者の場合を考えると、20歳から60歳になるまでの40

年間で支払った保険料の合計は、

1万6490円（2017年度）×12ヶ月×40年

で791万5200円になります。一方で国民年金の受給額は年間77万9300円（2017年度）ですので、

791万5200円÷77万9300円＝10・1年

即ち、65歳から10年後の75歳になれば支払った年金保険料の元が取れる計算になります。

また、厚生年金も受給する会社員と専業主婦の世帯を考えた場合、月収が50万円（ボーナス含む）と仮定すると、40年間で支払った保険料は、

9万1500円（50万円の18・3%）×1／2×12ヶ月×40年

ですので、合計2196万円になります。一方、年間の年金受給額は、

77万9300円×2（国民年金二人分）＋131万5440円（厚生年金）

で287万4040円になりますので、

2196万円÷287万4040円＝7・6年

即ち、65歳から7年半後の72歳になれば元が取れる計算になるのです。

もちろん、これらの計算は厳密ではありません。厚生年金基金に設定されている免除保険料率などは計算に入れていませんし、何より例えば今の1万円と1年後の1万円の価値は違うからです。仮に金利が3％とすると、今の1万円は銀行に預けておけば1年後には1万300円となります。逆に1年後の1万円の今の価値は1万÷1・03＝9709円となるのです。

本来は、このように将来の異なる時点のお金の比較に当たっては、それを現在の時点での価値に割り戻した〝現在割引価値〟で考えなければなりません。その観点からは、例えば40歳の人が今年払う1万円と25年後にもらう1万円とでは現在価値にかなり違いがあり、25年後の1万円の現在割引価値は今年の1万円の価値よりかなり安くなるのです。

ただ、あまり厳密性を追求して話を複雑にしてもしょうがないので、ここではざっくりと、今の年金制度は65歳から10年くらい、つまり75歳になれば、現役時代に払った年金保険料とほぼ同額の年金を受け取れて元が取れる仕組みになっていると考えましょう。

これはある意味ですごい事実を示しています。今の日本人の平均寿命は男性が80歳、女性が87歳ですので、75歳以降に受け取る年金はもらい得になる、つまり今の年金制度はほとんどの高齢者が得をする仕組みになっていると言えるのです。保険会社などの民間企業がこんな仕組みの年金を提供したら、収入より支出が多くなってしまうのでその会社はすぐに破綻します。

それでは、なぜ年金制度はこのようにほとんど高齢者が得をする仕組み、言い換えれば赤字が確実な仕組みになっているのでしょうか。

国民皆年金制度が始まったのは1961年ですが、当初の年金の支給開始年齢が60歳であるのに対し、その当時の平均寿命は男性が66歳、女性が71歳でした。つまり、当時は10年で元が取れてしまう年金制度には十分な合理性があったのです。

しかし、その後高齢化が急速に進んで平均寿命が大幅に上昇し、かつ今後も上昇を続けることが明らかなのに、年金支給開始年齢の引き上げは遅々として進まず、今頃ようやく徐々に65歳に引き上げられつつあるくらいですので、このような事態になってしまったのです。

楽観的な前提で〝100年安心〟と言う政府の無責任さ

第三の問題点は、以上のように年金制度の持続性に疑問符を付けざるを得ない状況であるのにも拘わらず、政府は年金制度の持続性を高めるのに必要な対応が不十分なまま、非現実的かつ楽観的な前提で行った試算を基に〝年金は100年安心〟と言っていることです。

年金制度の持続性を高めるためには、国庫負担をこれ以上増やせない中では、年金保険料という収入や年金基金の運用益を増やすか、年金支払額を減額することが必要になります。将来年金を受給する立場からすれば、保険料が高くなったり将来受け取れる年金が減るというのは不愉快極まりないですが、国民皆年金という仕組みが破綻して将来の年金がゼロになるよりはマシです。

収入増加策については、政府はこれまで、2017年度まで年金保険料を上げ続け、年金積立金管理運用独立行政法人（GPIF）の運用先で株式投資の割合を増やし、かつ年金保険料未納対策も強化するといった措置を行ってきました。それなりに頑張ってきたのは間違いありません。

しかし、人口減少、特に年金保険料を支払う生産年齢人口の減少のペースが速い中では、収入を増やすのには限界があります。

だからこそ、年金を受給する高齢者の全人口に占める割合がすごい勢いで増え続ける中では、年金支払額の抑制策が重要になるのですが、2004年に〝マクロ経済スライド〟という0・9％支給額を削減する方策が導入されたものの、デフレの継続を理由にこれまで一度（2015年）しか実行されていません。年金支払額の抑制はほとんどできていないのです。これでは、年金が将来も持続可能とはとても言い切れません。

それにも拘わらず、政府は「年金は100年安心」と言い続けているのです。ちなみに、その意味は、100年にわたって年金で50％以上の所得代替率（毎年支払われる年金がその年の現役世代の平均所得の50％以上）を維持できる、ということです。

問題は、その根拠となる試算が全然信用できないということです。

政府は人口統計に合わせて5年おきに年金の将来試算（財政検証）を行って公表していますが、最新の2014年のものを見ますと、経済成長率などの前提の異なる八つのケースについて試算を行い、2020〜30年の経済成長率がプラスでもマイナスでも、少なくとも2036年までは所得代替率50％を維持できるとしています。

しかし、この試算は現実離れしたかなり楽観的な将来予測をその前提にしており、とても信用できる代物ではありません。

例えば、実質経済成長率が1・4％ともっとも高いケースでは実質賃金上昇率が2・3％になっています。過去数年は1％前後の経済成長率の下で実質賃金上昇率がマイナスであったことを考えると、これはあり得ません。実質経済成長率がもっとも低いマイナス0・4％のケースでも実質賃金が0・7％上昇するという前提に至っては論外です。賃金が大きく増える前提にすることで、保険料が増えて年金財政は大丈夫という姿を示したいという下心が見え見えです。

ちなみに、これほど楽観的な前提の財政検証でも、もっとも経済成長率が低いケースでは2055年に年金基金が枯渇し、完全な賦課方式（毎年の年金保険料収入だけで年金給付を賄う完全な自転車操業）になるので、所得代替率は35％に低下する、即ち年金支給額はかなり減少することになります。専門家の中には、もっと早いタイミングで年金基金が枯渇して年金制度が崩壊すると主張する人もいます。

年金支給額の大幅な削減が不可欠

以上から明らかなように、年金制度を今のまま将来も維持することはまず不可能です。若い世代の人たちも将来年金を受け取れるようにする、つまり年金制度を将来も持続可能とするためには、年金制度の抜本的な改革が不可欠なのです。そのために必要なのは年金支給額の削減です。

ちなみに、識者の中には年金制度は持続不可能と主張する人が多いですが、その主な根拠は、

・潜在債務（既に年金保険料を支払った人に約束している年金支払いという将来の債務）が500兆円以上ある
・今のままでは遠からず年金基金が枯渇する

というものです。

一方、識者の中には少数ですが年金制度は将来も大丈夫と主張する人もいます。その主な根拠は、

・ちゃんと経済成長率が高くなって雇用が増えれば、年金保険料の収入が増えるので大丈夫
・年金は賦課方式になっているので、年金基金が枯渇しても大丈夫

というものです。

両者の結論は正反対ですが、実は両者の主張にはそんなに違いはありません。潜在債務が大きいのは確かに問題ですが、これは政府が決断して年金支給額を削減すればよい話です。また、年金基金が枯渇したら、毎年の年金保険料でその年の年金支給を賄う完全な賦課方式にすれば

よい話です。

かつ、大丈夫派が主張するように、将来的に高い経済成長率を維持できればそれなりに何とかなると言えるのですが、第1章で述べたように、今の安倍政権の経済運営、更には改革がなかなか進まない日本の現実を考えると、それを過度に期待するのはリスクが大きいと言わざるを得ません。

そのように考えると、年金制度を持続可能とするためには、国庫負担や企業負担の拡大、年金保険料の引き上げ、年金支給額の削減のどれかを行わざるを得ません。

しかし、既に基礎年金の半分は国庫が負担し、厚生年金の保険料の半分は雇い主である企業が負担している中で、これ以上国費や企業負担を増やすというのは現実的ではありません。年金制度は、これまで財政資金や企業利益の投入を増やすことで高い給付を維持してきた面がありますが、1000兆円を超える政府の借金や経済成長の鈍化という現実を考えると、これ以上は不可能です。

年金保険料についても、これまで法律に基づいて2017年まで13年連続で毎年引き上げてきた結果、家計の保険料負担はかなり重くなっています。

実際、2016年段階での税率や保険料率をベースに、例えば30代で年収300万円、賃貸アパート住まい（家賃6万5000円）、貯蓄ゼロ（可処分所得はすべて消費）という人が年

間でどれくらいの公的負担をしているかをざっくり計算すると、
①直接税（所得税、住民税など）：17万円
②間接税（消費税）：12万円
③社会保険料（年金、医療、介護など）：45万円

となります。税負担が合計29万円であるのに対して、社会保険料の方が1・5倍も高くなっているのです。

こうした数字を考えると、年金保険料をこれ以上引き上げるのは、現役世代へのしわ寄せが大きくなるのみならず、可処分所得を減少させて消費や経済成長にもマイナスとなります。

従って、現実的に年金制度の持続性を高めようと思ったら、年金支給額の削減が最優先の課題となります。具体的には、まずマクロ経済スライドを毎年継続的に行うことが必要でしょう。ちなみに、マクロ経済スライドをこれから25年間継続して行えば、年金支給額は今より約２割削減されることになります。

しかし、おそらくそれだけでは十分ではありません。図3-1を見ていただければ分かるように、厚生労働省の国立社会保障・人口問題研究所が発表した最新の２０６５年までの日本の

図3-1　将来の日本の人口

	2015年	2040年	2065年
総人口	12,709万人	11,092万人	8,808万人
年少人口〔0〜14歳〕	1,595万人（12.5%）	1,194万人（10.8%）	898万人（10.2%）
生産年齢人口〔15〜64歳〕	7,728万人（60.8%）	5,978万人（53.9%）	4,529万人（51.4%）
老年人口〔65歳以上〕	3,387万人（26.6%）	3,921万人（35.3%）	3,381万人（38.4%）

（長期の出生率が1.44の場合）
（カッコ内の数字は総人口に占めるシェア）

出典：日本の将来推計人口（平成29年推計）（国立社会保障・人口問題研究所）

将来推計人口を見ると、2040年には今と比べて老年人口が16％増加する一方で、生産年齢人口は23％も減少すると予想されています。この数字が意味するのは、〝今後25年で年金保険料納付者の数が23％も減るのに、年金受給者の数は16％も増える〟ということです。

従って、マクロ経済スライドで年金支給額を2割削減するくらいでは足りません。更なる年金支給額削減が必要なはずです。

まず必要なのは年金支給開始年齢の引き上げでしょう。日本では支給開始年齢が60歳から65歳に段階的に引き上げられつつある最中ですが、欧米の多くの国では既に年金支給開始年齢は68歳のところが多く、70歳への引き上げを検討している国もあります。日本はそれらの国よりも平均寿命が長く、また年金制度の仕組みが10年で元が取れるようになっていることを考えると、65歳から少なくとも70歳に早く引き上げることが必要となります。

その他に、十分な資産や所得がある富裕層の高齢者への年金支給額を大幅に削減することも不可欠です。例えば、高い収入を得ている高齢の財界人などは年金がゼロになって当然です。

ただ、もちろん高齢者全員を対象に一律に年金支給額を削減するというのはダメです。高齢者の中には、働くこともままならず少ない国民年金を頼りにギリギリの生活をしている方も多いのが現実です。

ちなみに、国民年金は年金保険料を40年払い続けたら月額6万5０００円受給できますが、25年払った場合は月額４万１０００円、２０１７年度からは年金保険料を10年払い続けたら国民年金を受給できるようになりましたが、10年払っただけでは月額1万6０００円しか受給できません。

こうした現実も考えると、基本的には年金支給額の削減が不可欠であり、特に富裕層の高齢者への年金は大胆に削減する一方で、貧しい高齢者に対しては逆に年金額を増やすことが必要となります。

医療保険などにも同じ議論が該当しますが、今は年金支払期間や年齢などの外形的な基準だけで年金支給額が決まるので、例えば未だに高収入を得ている経団連などの財界人も、仕事がなくて年金でギリギリの生活をしている高齢者も、基礎年金は同じ額が支給されています。

このような常識はずれの悪平等は早く止めて、資産や所得などの要素も加味して生活水準の差に応じて年金支給額にも差をつけるべきなのです。

医療や介護も今の制度のままでは持続不可能

そして、医療保険や介護保険も、年金と同様に今の制度のままでは将来も持続可能とは考えられません。その理由は、どちらも財政負担と現役世代の保険料負担をメインに高齢者にふんだんな給付を行っているからです。高齢化が急速に進む中でそれを続けるのは困難です。

医療保険制度の複雑な仕組みは捨象して、現実を数字で説明すれば、まず２０１４年度の国民医療費は40・８兆円でした。１９８９年は19・７兆円でしたので、わずか25年で２倍以上、対ＧＤＰ比でも４・７％から８・３％へと大幅に増加しています。

その最大の原因は高齢化の進行です。実際、40・８兆円の国民医療費のうち、人口全体の26％に過ぎない65歳以上の高齢者の医療費の割合が59％となっています。

年齢別の医療費と自己負担（窓口負担と健康保険料の合計）の関係を見ると、例えば40～44歳は、一人当たりの自己負担が年額32万円であるのに対して医療費は年額14万円です。これに対して、例えば70～74歳は自己負担19万円に対して医療費は62万円、80～84歳になると自己負担14万円に対して医療費は92万円です（厚生労働省「年齢階級別１人当たり医療費、自己負担額及び保険料の比較」２０１３年）。

この数字からも、いかに医療保険の仕組みが財政負担と現役世代の保険料によって賄われているかが分かるのではないでしょうか。ちなみに、２０１４年度の国民医療費40・８兆円の内訳は、

公費（国、地方）　15・９兆円（39％）
保険料負担　19・９兆円（49％）
窓口での自己負担　４・８兆円（12％）

となっています。

詳細は省略しますが、介護保険もだいたい同じで、主に公費と現役世代の保険料で介護給付を賄うという構造になっています。

もちろん、そうした構造自体が悪いと言う気はありません。実際、私も母親が認知症を患って姉が介護をしているため、後期高齢者医療制度や介護保険制度の有り難さは身をもって感じています。

ただ、残念ながら、高齢化が進むに従って医療や介護の給付が今後もどんどん増加する一方

で、保険料を負担する現役世代の数は減少するのが確実なことを考えると、医療保険や介護保険の制度を今のままで将来も維持するのは不可能と言わざるを得ないのです。それらの制度を将来も持続可能とするためには、給付を削減するか負担を増加するか、場合によっては両方を行うことが必要になります。

以上のように、社会保障制度の持続可能性は疑問視せざるを得ない状況になっています。そうなってしまったのは、これまで長年にわたって政治の側が国民に対して、国民が保険料として負担できる分、そして公費で負担できる分を超えた過剰な給付を約束し続け、かつ、高齢化の急速な進展にも拘わらず、制度の抜本的な見直しを先送りにしてきたからに他なりません。

2025年には団塊の世代が全員後期高齢者になり、社会保障給付費の水準が一気に増えることを考えると、社会保障制度の抜本改革なしには、年金をはじめとする社会保障制度の持続性を将来も確保することは不可能です。それは言葉を換えて言えば、今の高齢者と比べて若い世代が将来享受できる社会保障の水準は、それが給付減か負担増かはともかく、確実に低下するということなのです。

第2節　財政再建の厳しい現実

財政再建には社会保障支出の大幅削減が不可欠

その厳しい現実を、今度は財政の側面から見てみましょう。社会保障支出に占める公費負担の割合の大きさから分かるように、社会保障制度の将来は財政再建の行方と密接不可分の関係にあるからです。

まず今の日本の財政の状況をざっくりと見てみると、日本の借金（国と地方の長期債務残高）は２０１６年度末で１０７１兆円でした。日本の経済規模（ＧＤＰ）のほぼ2倍という、主要先進国の中で最悪の水準になっています。

毎年の財政赤字の積み重ねがこの数字になっています。図3-2のように、過去20年で政府の一般会計予算の規模は77兆円から97兆円へと20兆円増加し、それに応じて毎年の国債発行額（財政赤字の額）も18兆円から34兆円へとほぼ2倍になりました。この間に日本の経済規模（ＧＤＰ）はあまり増えておらず、人口は減少しているにも拘わらず、予算の規模と国債発行額だけは大きく増加したことになります。

それでは、予算規模と国債発行額の増加の最大の要因は何かというと、明らかに社会保障関

図3-2　一般会計予算の推移（当初予算）

	1997年度	2007年度	2017年度
歳出総額	77.4兆円	82.9兆円	97.5兆円
社会保障関係費	14.6兆円	21.1兆円	32.5兆円
国債費	16.8兆円	21.0兆円	23.5兆円
それ以外	46.0兆円	40.8兆円	41.5兆円
国債発行額（財政赤字）	18.5兆円	25.4兆円	34.3兆円

図3-3　社会保障給付費の推移

1997年度	2007年度	2017年度
69.4兆円	**91.4兆円**	**120.4兆円**

係費です。実際、過去20年で社会保障関係費は14兆円から32兆円へと18兆円も増え、2倍以上になっています。国債発行の増加に伴って国債費（国債の償還と利払い）も増えていますが、7兆円程度です。この二つを除いた政策予算に至っては、20年で1割減少しています。

ちなみに、社会保障への政府の支出は、国の一般会計のみならず地方自治体も負担していますし、国民が支払った社会保険料も特別会計を経由して社会保障に支出されています。これらの社会保障に要した支出の合計額（公費負担と社会保険料負担の合計〈自己負担を除く〉）を社会保障給付費と言いますが、その推移を見ると、図3－3のように、過去20年でなんと69兆円から120兆円へと51兆円も増加し、1・7倍となっています。そして、2025年度には150兆円にまで増大すると予測されています。

これらの数字から明らかなように、毎年の財政赤字の最大の要因は社会保障支出の増加です。財政赤字や国の借金がマスメディアで取り上げられる場合、無駄な公共事業や国会議員への過剰な手当て、官僚の天下り先への補助金などが槍玉《やりだま》にあげられることが多いのですが、例えば公共事業予算は2017年度当初予算で6兆円に過ぎません。社会保障支出の大幅な削減なくして財政再建はあり得ないのです。

ところで、真面目に財政再建をしようと思ったら政府は何をやらなければならないでしょうか。過去に世界で財政再建に成功した国の経験から、三つのことをバランスの取れた形でやっていくことが必要です。

①経済成長率を高めて税収を増やす
②財政支出をなるべく削減して毎年の赤字を減らす
③それでも足りない場合は増税して税収を更に増やす

今の安倍政権では、①についてはまだ不十分ながらもアベノミクスで頑張っています。③については既に消費税率を5％から8％に上げました。その増収分は社会保障に使うと説明されていますが、これまで国債発行で賄っていた支出を増税で賄うのですから、実質的には財政再建のための増税に他なりません。このように考えると、安倍政権は②の財政支出の削減にだけはまだ本格的に取り組んでいないと言えます。

もちろん、だからと言ってむやみに歳出削減をするのが良いわけではありません。景気が悪いときには需要の下支えのために政府の財政出動が不可欠ですので、景気の状況を顧みずにがむしゃらに歳出削減を進めたらかえって経済が悪くなってしまいます。それは、ユーロ危機のときにEU政府やIMFがギリシャなどの南欧諸国に急激かつ一律の財政赤字削減を求めた結果、逆にそれらの国の経済がおかしくなってしまったことからも明らかです。

従って、一気に大規模な歳出削減をするよりも、経済に悪影響を与えないようある程度の時間をかけて社会保障支出を削減していくことが大切であり、かつ現実的だと言えます。

フェルドマン氏の試算

それでは、次に財政再建の観点から〝最終的に〟どれくらい歳出を削減しなければならないか、かつそれだけでは足りないのでどれくらい増税しなければならないかを見てみましょう。

ちなみに、ここで〝最終的に〟という表現を加えたのは、政府がまだそれを示していないからです。政府は財政再建についてはこれまで、2020年にプライマリーバランス回復という中間目標だけを示しており、2017年の衆院選の公約でそれを先送りすることにしました。しかし、将来不安を感じる国民の立場からすれば、中間目標よりも最終的な国民負担の姿を明らかにし、将来不安の具体的な姿が分かるようにする方が大事です。

そこで、私がもっとも信頼するエコノミストであるロバート・フェルドマン氏（モルガン・スタンレーMUFG証券シニアアドバイザー）の2017年時点での試算の結果を簡単に紹介します。

財政再建のためには社会保障支出の大幅な削減が必要ですが、当然ながらどの世代も自分が関係する社会保障支出の削減（社会保障の水準の低下）は嫌がります。だからこそ、これまで与党も野党も選挙の度に逆に社会保障の強化という不可能なことを公約にしてきました。しかし、1000兆円を超える借金、年間で30兆円を超える財政赤字（国債発行）の下で社会保障を強化するのは基本的に不可能ですから、ではせめて今の社会保障の水準を維持しつつ財政再建しようとしたらどうなるでしょうか。

結果は、消費税の税率を最終的に少なくとも21％にまで引き上げないと財政再建はできません。10％の消費税では全然足りないのです。しかし、それでは高福祉高負担で有名な北欧諸国の付加価値税（25％）に近い水準になってしまい、中福祉の日本で消費税率をそこまで上げるのは現実的ではありません。

そこで、消費税率を最終的に先進国の標準に近い14％まで上げるとして、それで財政再建しようと思ったらどうなるでしょうか。政府の社会保障支出を16％は削減しないと財政再建はできないという結果になります。

ちなみに、消費税は現行の8％の水準を維持して、それで財政再建を達成しようと思ったら、社会保障支出を32％削減する必要があるという結果になります。

まとめると、財政再建の最終的な姿は、

①消費税は約21％まで引き上げ、社会保障支出は削減しない
②消費税は16％台半ばまで引き上げ、社会保障支出は14％近く削減
③消費税は8％のままで社会保障支出は約30％以上削減

のどれかとなります。

読者の皆さんならこの三つの選択肢の中でどれを選択するでしょうか。常識的には②を選ぶことになるのではないかと思います。即ち、財政再建の観点からも、社会保障支出を2割近くは削減する必要があるのです。

ちなみに、フェルドマン氏の試算は安倍政権の成長戦略がうまくいって経済成長率が高い状態を維持できるのが前提となっています。即ち、第1章で述べたように改革がなかなか進まず潜在成長率が高まらない場合は、②のシナリオでも一層の消費税の増税か社会保障支出の削減が必要となります。

既に述べたように社会保障制度が今のままでは持続不可能である現実に加え、この財政再建の厳しい現実も考えると、いずれかの時点で社会保障制度の抜本改革を行って、国民が享受する社会保障の水準を引き下げるとともに、政府の社会保障支出の抑制と消費税の更なる引き上げを行わなければ、社会保障制度も財政も持続可能とはならないのです。

財政再建に失敗したらどうなるか

既に述べたように、日本の借金は1000兆円を超え、日本のGDPのほぼ2倍の規模となり、世界最悪の水準となっています。こうした状況にも拘わらず、今も毎年30兆円規模の財政赤字（国債発行）を続け、財政再建の中間目標（2020年のプライマリーバランス黒字化）も先送りするのですから、財政再建、つまり財政健全化への道のりは遠いままと言わざるを得ません。

それでは、そもそも財政再建に失敗した場合は何が起きるのでしょうか。2010年のギリシャ危機、2013年の米国デトロイトの財政破綻で起きたことも参考に可能性を考えると、日本国債を買っても償還されないリスクが高まるため、日本の国債が暴落（金利が急上昇して価格が急低下）し、政府は借金を賄うことができなくなり、国債はデフォルト（債務返済不履行）となります。

当然、日本の国際的信用がなくなるので、日本の株価は大きく下落し、為替レートも急激に円安となって物価が上昇し、景気も悪化します。また、国債保有者への債務の返済が優先されるため、ごみ収集や道路整備といった公共サービスの質も著しく低下するかストップするでしょう。実際、デトロイトでは財政破綻の直後は、犯罪が発生して通報しても数時間警官が来ないのが当たり前でした。

要は、万が一にも財政破綻が現実のものとなった場合は、そのしわ寄せは私たち国民の側に来るので、やはり財政再建は必要なのです。

ちなみに、1815年に国の借金がGDP比で260％にも及んだ英国は、その後100年かけて財政を健全化しました。それだけ長期間かかった理由は、財政再建、つまり借金返済ばかりを優先して短期間で財政健全化を達成しようとすると、需要が減少して経済成長が困難になり、また公共サービスの質の低下で国民生活にも著しい悪影響が生じるからです。

この英国の経験からも、日本も財政再建はかなり長い時間をかけて、経済成長・歳出削減・

増税の三つをうまく組み合わせながら、ゆっくりと徐々に進めるしかありません。当然ながら、消費税増税を急いで財政再建を急ぎ過ぎるのも、経済の需要を減らしかねないのでダメです。これから長い道のりを歩まなければならないのです。

財政再建を心配する必要はないという主張

ただ、学者や評論家の中には、まだ財政危機を心配する必要などないと主張する人もいます。そのもっとも有力な主張は、政府の借金は1000兆円を超えているけれど、同時に政府は資産（土地、建物、出資金など）を600兆円くらい持っているので、差し引きすると政府の純債務は400兆円に過ぎないから、まだ財政再建を焦る必要はまったくないというものです。

この議論の延長で、日本は毎年多額の国債を発行しているけれど、大規模な金融緩和の下でその多くは日銀が購入・保有しているので、日銀は政府の子会社のようなものであることを考えると、多額の国債発行を気にする必要はないという主張もあります。

その他に政府の借金は1000兆円を超えているけれど、日本の個人金融資産はそれを大きく上回る1700兆円もあるので、借金がこれを超えない限りは大丈夫という主張もあります。

それでは、財政再建を心配する必要はないというこれらの意見はどう考えればよいでしょうか。それらの主張を信じて、借金が年々増えていくのを放置しておいても大丈夫なのでしょうか。

まず、これらの主張の中身、そこでの数字や事実が正しいのは間違いありません。メディアでは財政再建が強調され過ぎている面もありますので、経済成長よりも財政再建を優先すべきという考え方を牽制《けんせい》・否定する観点からは、こうした主張が世に広まるのは非常に重要と言えます。

ただ、同時に、それは机上の議論としての正しさに過ぎない部分があることにも留意した方がいいのではないかと思います。

例えば、数年前にギリシャが経済危機に直面しましたが、あのとき、ギリシャの債務残高はGDPの113%と、今の日本よりもよっぽどマシでした。それにも拘わらず危機が起きた理由として、ギリシャの国債は危ないという風評が広がる中で、本当に危ないと思ってギリシャの国債を売った一部のファンドに加え、その動きに乗っかってギリシャの国債を攻撃すれば儲《もう》かると考えて動いたファンドが多かった、という側面もあります。

そうした現実を踏まえると、将来的に万が一にも金融市場で日本の国債に関する風評が起き、この機に儲けたいファンドが日本国債を売り浴びせ始めた場合、それらのファンドに日本の評論家がこれらの理屈を説明して「だから日本の国債は大丈夫」と説明したとして、彼らは納得して攻撃を止めるでしょうか。自分の儲けが最優先であるファンドにとっては、理屈が正しいかどうかより市場の方向性や他のファンドの行動が重要なので、聞く耳を持たない可能性も十分にあるのではないかと思います。

また、日銀の大規模な金融緩和により、今や国債発行残高の約40%を日銀が保有し、更には国内の銀行・保険・年金基金も約40%を保有しているので、外国のファンドの日本国債に対する攻撃を心配する必要はないという意見もあります。しかし、いずれデフレを脱却したら日銀は金融引き締めに転じて国債保有量を減らすでしょうし、日本の金融機関だって非常時には日本を守るよりも自分の組織を守る方を優先するはずです。そう考えると、今がそうだから将来も大丈夫とは言い切れないのではないかと思います。

要は、机上の議論としては完全に正しくても、それで金融市場のプレイヤーの現実の行動をコントロールできるとは限らないのです。

その延長で、万が一にも財政破綻のリスクが顕在化したときに被害を受けるのは国民の側であることを考えると、私たちが自分の将来設計を考えるに当たっては、やはり財政再建については保守的で厳しい将来（社会保障支出の大幅削減や更なる増税が不可避）を想定した上で、それが実現してしまった場合でも自分や家族が困らないようにすることを意識すべきではないかと思います。

インフレを引き起こして財政再建という主張

ところで、財政破綻について少し余計なことを書いておくと、これまでは世界中のどこでも、財政再建の王道は経済成長による税収増と歳出削減と増税の組み合わせであり、絶対に避けなければいけないのは債務返済の不履行、つまり国債のデフォルトと信じられてきました。

しかし、最近は世界的に影響力のある経済学者の中でも、債務、つまり借金の多い国は敢えてデフォルトに踏み切るべきという意見が出されるようになっています。デフォルトと言っても、典型的なデフォルトである借金の棒引きではなく、意図的にインフレを誘発することによって実質的な債務負担を軽減する、即ち将来の国債償還の負担を楽にする、というものです。

ちょっと分かりにくいと思うので具体例で説明しますと、例えば物価が毎年3％上昇していれば、今年発行した100万円の国債を10年後に償還するときに必要な資金は今の価値で、

100万÷1^{10}・03

となるので、実質的な返済額は74万円に減少するのです。

財政再建におけるこうした〝広義のデフォルト〟の有用性を主張する米国プリンストン大学

のシムズ教授は、日本のように膨大な借金を抱える国では、政府が財政規律を緩和することを宣言して将来のインフレ期待を高めることが、デフレ脱却とともに国債の価値を下げることで財政再建に貢献すると主張しています。

他に、米国ニューヨーク市立大学のクルーグマン教授も、超大型の財政出動を行うことで重力圏を脱出できるほどの高いインフレを起こせと提言していますし、『21世紀の資本』で世界的な富の偏在と格差の拡大の原因を分析したフランスの経済学者ピケティも、インフレを引き起こすことは政府が過剰債務問題を解決する現実的手法であると分析しています。

これらの世界的に有名な経済学者の主張を聞くと、財政再建に向けて歳出削減や増税といった地道で苦しいアプローチを取るのはバカバカしい気もしてしまいます。

しかし、現実的に考えると、やはりこうした人為的なデフォルトは、そもそも大混乱が起きるのみならず、実際にインフレになった段階でインフレ率を一定にコントロールできるかは分からないので、ハイパーインフレのリスクが常に伴う危険な賭けと言わざるを得ません。

机上の議論、頭の体操のレベルでは非常に魅力的なアプローチではありますが、やはり日本経済を彼らの実験場にすることは避けた方がいいのではないかと思います。

第3節　社会保障制度の抜本改革が進みにくい日本の現実

2025年までに社会保障制度の抜本改革が不可欠

　ここまで説明してきたように、社会保障制度の持続可能性を高めて、将来も若い世代が年金を筆頭に必要最低限の社会保障サービスを享受できるようにするためには、社会保障制度の抜本改革が不可欠です。

　社会保障が毎年の巨額の財政赤字の最大の原因であることを考えると、それは財政再建の観点からも不可欠です。政府の純債務額はそれほど大きくないので財政再建を心配する必要はないという意見は傾聴に値しますが、それでも高齢化と人口減少が今後更に進む中では、政府の債務が1000兆円か400兆円のどちらであっても、毎年の財政赤字を減らして、今のように年間30兆円も新規に国債を発行するような異常な状態を改めることは絶対に必要だからです。

　そして、社会保障制度の抜本改革で目指すべき方向性は明らかです。

　年金制度については、年金支給額の削減が不可欠ですので、マクロ経済スライドの継続的適用、支給開始年齢の70歳への引き上げといった措置が不可欠です。同時に、収入や資産を持つ裕福な高齢者への年金支給額の大幅削減といった大鉈《おおなた》を振るうことも必要です。

医療、介護、保育といった分野については、未だに価格規制と参入規制でガチガチに規制されていますので、まず規制改革によってそれらのサービスの供給サイドの非効率性を改善し、医師会や一部の社会福祉法人などの既得権益構造を崩すことが不可欠です。それのみならず、自己負担の増加も必要となります。同時に、年金と同様に富裕層が享受できる社会保障サービスの水準を大幅に引き下げることも必要です。

ざっと考えただけでもこれくらいのメニューが出てくるのですから、社会保障制度の改革は文字通り大改革にならざるを得ません。そして、それらの大改革をできるだけ早く決定・実行しなければならないのです。

その最大の理由は、2025年には団塊の世代が全員75歳以上の後期高齢者になることです。2017年度に120兆円だった社会保障給付費が2025年度には150兆円にまで増加すると予測されているように、今の社会保障制度のままで2025年を迎えたら、そこから毎年の社会保障支出の増加のペースが一気に跳ね上がり、財政赤字も大幅に拡大することになります。

従って、2025年までに社会保障制度の抜本改革を行い、同時に財政再建の現実的な道筋を明確にする必要があります。それができなかったら、最悪の場合は日本の国債が金融市場で狙われ、財政破綻の可能性を意識せざるを得なくなるかもしれません。

そして、2025年まではあと7年の時間的余裕があるので、そうだとしても何とか間に合うのではと思う人も多いと思いますが、現実には時間の余裕はほとんどありません。

というのは、政府が制度の抜本的な改革を行う場合、通常はまず政府の審議会で原案を作成して与党で検討、場合によっては与野党協議を経て法律改正という手順になるからです。

特に厚生労働省は政治プロセスに入る前の段階での検討に時間をかける傾向があり、また内容的に政治のプロセスでもかなり時間がかかるであろうことを考えると、2020年くらいには社会保障制度の抜本改革の原案ができているくらいのスピード感を持って取り組まないと、2025年までに間に合うかどうか分かりません。

社会保障制度の改革が先送りになっている現実

このように考えると、安倍政権の経済運営のもう一つの問題点が明らかとなります。安倍政権は2012年末に発足して既に5年以上も続いているのに、その間ずっと社会保障制度の抜本改革は手付かずになっているのです。

もちろん、政府の社会保障支出の増大を抑える取り組みは毎年行われていますが、厚生労働省の官僚ができる範囲での微修正、毎年の予算の数字合わせに終始しており、制度の抜本改革とはとても言えないものばかりです。

むしろ、安倍政権の5年間で社会保障制度の抜本改革に向けた気運が後退した面も否定できません。地方創生、一億総活躍、働き方改革など、年がわりでキャッチーなネーミングの新しいテーマを設定して短期的な取り組みばかりを進めてきたので、メディアも世間も、長期的に不可欠な改革には関心を示さなくなったからです。

これでは、国民にも既得権益にも痛みを強いるけど中長期的に不可欠な社会保障制度の抜本改革に向けた気運が高まるはずはありません。

ただ、それはあくまで過去のことです。政権が危機感を持ってこれから2020年までの間に社会保障制度の抜本改革に取り組み始めれば、まだ十分に間に合います。

そう考えると、やはり日本の将来にとっては2020年までの2年間が非常に重要となります。2020年までの2年間は経済の生産性と潜在成長率を高めるために必要な構造改革を進める絶好かつ最後のチャンスですが、同じことが社会保障制度の抜本改革にも当てはまるのです。

もちろん憲法改正も大事です。北朝鮮問題も重要です。2020年の東京オリンピックを成功させることも必須です。でも、それだけでは私たちの将来不安は何も払拭されないのです。

逆に言えば、私たち国民の立場からすれば、2020年までに社会保障制度の改革がどの程度進展するかをじっくりと見ていれば、社会保障制度の持続可能性がどの程度高まったか、自分が将来年金をもらえそうか、医療などの社会保障サービスの水準が将来どの程度になりそうかといった点について、ある程度予測することができるはずです。

社会保障制度の改革に時間がかかり過ぎる日本

ただ、そうは言いながらも、安倍政権の下で社会保障制度の抜本改革が進まないことだけを非難し、安倍政権だけに頑張れと言うのが酷であることも事実です。

と言うのは、永田町、霞が関で社会保障制度の抜本改革をやろうという気運がまったく盛り上がっていないからです。しかも、それは今だけの話ではありません。昔からずっとそうなのです。

その理由は簡単で、社会保障制度の抜本改革は、高齢者の社会保障の水準を低下させることになり、また医師会や社会福祉法人などの既得権益にも多大な影響を及ぼすからです。

選挙では若者層に比べて高齢者の投票率が圧倒的に高い現実を考えると、永田町の政治家からすれば、選挙でもっとも確実に投票に行ってくれる高齢者が嫌がる改革、政治献金や選挙応援を頑張ってくれる既得権益層が嫌がる改革を進めようと思うはずがありません。むしろ、ほぼすべての政党と政治家が、社会保障制度の問題点や国の財政赤字といった現実を無視して、社会福祉をより充実させるという実現不可能な約束ばかりをしているのが現実です。

そして、政治家がこのような状況では、政治家や既得権益層の顔色を常にうかがい、かつ自らの利権（権限、予算、天下り）を維持したい厚生労働省の官僚に、抜本改革などできるはずがありません。

だからこそ、これまでも日本では社会保障を手厚くすることは頻繁かつスピーディーに行われてきましたが、社会保障の水準を引き下げることにはすごく時間がかかってきたのです。

例えば、日本ではかつて国民皆年金の制度ができたときは年金支給開始年齢が60歳でしたが、現在は65歳に引き上げられています。この支給開始年齢を5歳引き上げるのに何年かかったか想像できますか？　なんと20年もかかったのです。

政府が１９８０年に引き上げようとしたところ、自民党や労使双方が猛反対し、結局２０００年に完全に65歳への引き上げが決まりました。ちなみに、今はまだ世代ごとに段階的に65歳に引き上げている最中で、それが完了するのは２０３０年ですので、完了までには50年もかかることになります。

また、田中角栄元首相は１９７３年に、その年を福祉元年と銘打って、高齢者医療を無料化しました。当然ながら、高齢者が病院を気軽に利用し過ぎて混雑する、老人医療費が激増して医療財政が立ち行かなくなるといった問題点がすぐ明らかになります。それにも拘わらず、高齢者に最低限の自己負担（外来1ヶ月400円、入院1日300円）をしてもらうようになるまでに10年、ある程度の自己負担（かかった医療費の1割）を実現するまでに30年もかかっています。

社会保障制度の抜本改革は当分進まない

こうした過去の経験も踏まえると、私は個人的には、2020年までに社会保障制度の抜本改革が動き出す可能性は低いのではないかと考えています。

というのは、2017年秋に行われた衆院選の際の自民党の公約が、社会保障制度に関しては抜本改革どころか、自民党らしい従来型の内容で、非常にがっかりさせられたからです。

その公約では、消費税の10％への再増税に伴う増収分の扱いについて、全額財政再建に使う予定だったのを変更し、半額を幼児教育の無償化などに使うことにして、社会保障を全世代型に変えるという方向が明示されました。

もちろん、日本の社会保障はこれまでずっと高齢者に偏っていたので、保育など若い世代向けの社会保障を充実させること自体は正しいし、絶対に必要なことです。ただ、当然ながら政府の社会保障支出は増加することになるので、毎年の巨額の財政赤字の原因が社会保障支出であることを考えると、その財源としては高齢者向けの社会保障支出を削減して充当すべきです。

しかし、そうではなく、再増税による増収分を充てるとしました。これは、言葉を変えれば新規に国債を発行して賄うことに他なりませんので、社会保障で更なるバラマキを行うと宣言したに等しいと思います。

また、社会保障制度の持続性がこれだけ疑わしくなっているにも拘わらず、高齢者向け社会保障をどうするかといった、社会保障制度の抜本改革につながるような方向性は一切示されませんでした。要は、自民党の公約は、社会保障を全世代型に〝手厚くする〟ことだけを言って、高齢者に耳触りの良くない厳しい内容は何も含まれていなかったのです。

もちろん、全体として見れば、経済政策が目指すべき方向性である〝成長〟と〝分配〟の両方にバランスよく言及している自民党の公約は、〝分配〟ばかりを強調して〝成長〟では何も説得力のある政策を示していない野党の公約よりもよっぽど出来が良いのは事実です。

しかし、〝分配〟の中身である社会保障制度については、その自民党の公約でさえも、過去の公約と同様に社会保障を手厚くするという耳障りの良いことばかりを言っているのが現実なのです。これでは、社会保障制度の抜本改革が動き出すとはとても考えられません。

加えて言えば、選挙では自民党が大勝しました。そうなると、2020年頃まである程度景気の良い状況が続く可能性が高い中では、2018、19年は安倍政権のメインテーマは憲法の改正となるでしょうし、メディアも憲法改正や東京オリンピックばかりを取り上げると思われるので、社会保障制度の抜本改革のモメンタムが盛り上がるはずがありません。

そうなると、2020年が過ぎて2025年が視野に入り出した頃に、ようやく政治は社会保障制度の抜本改革が不可欠という現実と向き合うことになるのではないでしょうか。しかし、それでは社会保障制度の抜本改革をやり遂げる前に2025年を迎えてしまい、実際に団塊の世代が全員後期高齢者になって社会保障給付費が年々激増する中で、その場凌ぎの小粒な改革を毎年繰り返すことになりかねません。

もし本当にそうなってしまったら、当然ながら財政再建もなかなか進まないことになるので、いくらまだ財政再建を心配する必要はないと専門家の人たちが主張しても、日本の国債は大丈夫かと金融市場から疑念を持たれる可能性はゼロではなくなるし、その結果として日本経済が危機に直面するリスクもゼロとは言い切れないと思います。

2025年に危機が来る？

ちなみに、社会保障制度の抜本改革が進まず、結果として財政再建もうまく進まない場合、最悪のケースを想定すると、悲観論が過ぎるとは思いますが、個人的には以下のような展開となる可能性も否定できないのではないかと思っています。

まず、仮に社会保障制度の抜本改革がまったく進まない場合でも、2020年までは何も問題ありません。金融市場の投資家は意外とミーハーで流行りのテーマに敏感なので、東京オリンピックというブームが続く限り、日本の国債への疑念が生じるはずがありません。

逆に言えば、東京オリンピックというブームが終わった後は、投資家も2025年という次の節目を意識し出すはずです。それにも拘わらず日本が〝茹《ゆ》でガエル状態〟を続け、社会保障制度の抜本改革が2020年以降も進まず、結果として財政再建もあまり進まない場合は、2025年前後のどこかで海外の投資家の日本国債への疑念が高まり、ギリシャ危機ほど深刻にはならないでしょうが、日本が軽い経済危機に直面するリスクもあるのではないでしょうか。

そして、偶然にも、この私の個人的な懸念を裏付ける説があります。歴史作家の半藤一利氏によると、日本の近代史には陽と陰が40年サイクルで訪れているとのことです。

具体的には、日本は、まず江戸時代末期の混乱（日本の衰退）を経て、1865年前後に開国、明治維新というボトムを経験しています。そこから上り調子となり、40年後の1905年には日露戦争で当時の大国であるロシアに勝利するというピークを迎えます。ただ、そこから調子に乗りすぎて軍拡主義に走ってしまい、1945年には第2次世界大戦敗戦というどん底を経験します。そして、そこからは戦後復興と高度成長を経て、1985年にジャパン・アズ・ナンバーワンと言われる絶頂期に至ります。それからしばらくはバブルに酔いしれましたが、1990年代初頭のバブル崩壊から今に至るまではデフレ・低成長、人口減少・高齢化と

図3-4

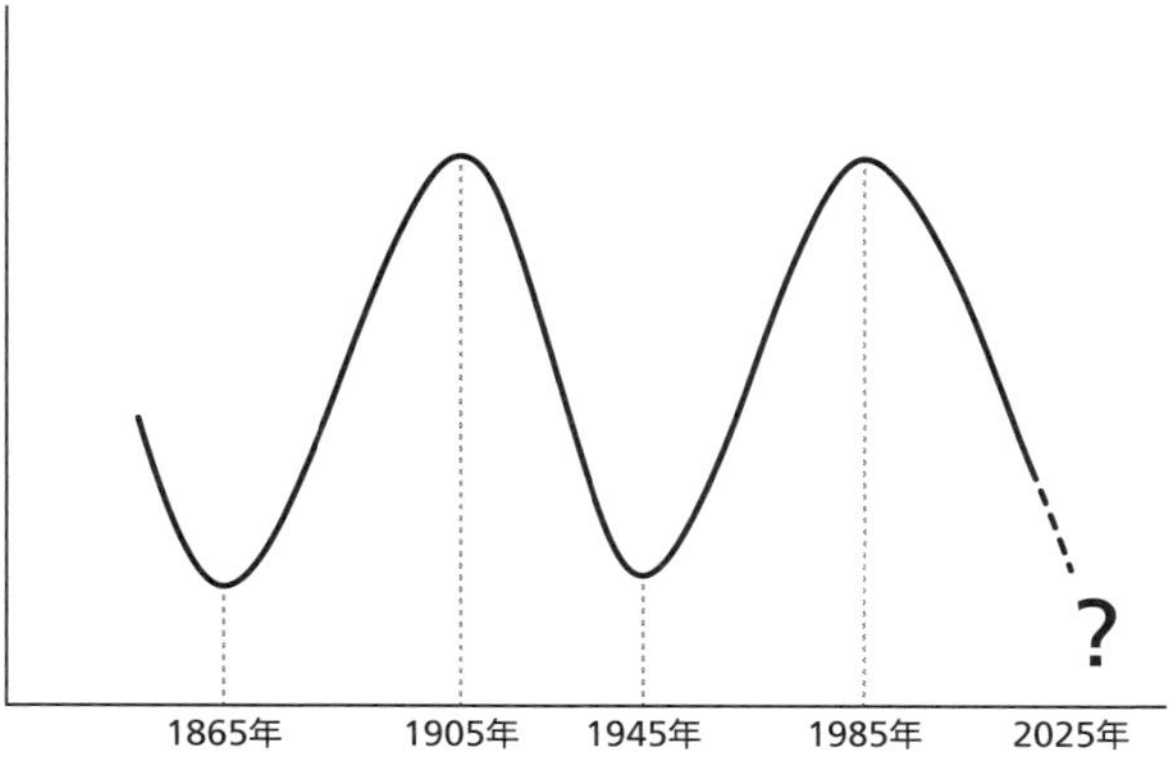

衰退を続けています。

つまり、日本の近世はこれまでに図3-4のように、40年周期でボトムとピークを交互に経験するというサイクルを辿ってきたのです。となると、次は2025年にボトムを経験する可能性があるのですが、偶然とはいえ団塊の世代が全員後期高齢者に入るタイミングと見事に一致しているのです。

もちろん、この半藤氏の説が絶対的に正しいとか、だから私の主張が正しいなどと言う気はまったくありません。ただこの奇妙な符合を見ると、痛みを伴う改革を先送りする日本の政治のツケが2025年の前くらいに経済危機という形で噴出して、日本は80年ぶりにボトムを経験することになりはしないかと個人的には懸念してしまいます。

逆に言えば、そうした危機がきっかけとなってようやく社会保障制度の抜本改革が進むのかもしれません。1865年や1945年にボトムを経験した段階で日本が大きな改革を断行したのと同じです。

2020年までの2年間は国民の側も問われることになる

さて、ここで第1〜3章をまとめておくと、私が読者の皆様にお伝えしたい結論は簡単で、これからの2年間、2020年までが日本経済再生の最後のチャンス、最後の勝負どころだということに尽きます。

働く人の収入が将来どれくらい増えていくかという観点からは、安倍政権が経済の生産性と潜在成長率を高めるために必要な構造改革をちゃんと進めるか、そして自分が働く企業の経営陣や自分が住む自治体の首長がイノベーションをちゃんと創出するか、ということが重要になります。

それらが厳しそうなら、少なくとも環境要因から将来も自分の収入が増えていくとは期待できないでしょう。

そして、将来年金をもらえるか、将来の社会保障が大丈夫かという観点からは、社会保障制度の抜本改革がちゃんと進むかということが重要になります。

この改革が進まない場合、最悪のケースとして財政破綻が起き得ることも視野に入れておく必要があると思いますが、それ以上に意識すべきは、社会保障制度の抜本改革が断行された場合でも、制度の持続可能性は高まるものの、将来の社会保障サービスの水準は今よりもかなり低下せざるを得ないという現実です。

世論調査から明らかなように、国民の多くは直感で年金や社会保障の将来には大きな不安を感じていますが、その直感は正しいどころか、現実は想像以上に厳しい可能性が高いと覚悟すべきなのです。

これからの2年間も政治や企業、自治体のエリートの方々が問題の先送りを続けた場合、そのしわ寄せを受けるのは日々真面目に働いている私たち国民の側です。だからこそ、そうした被害を最小限にして、日本全体は厳しくなってもせめて自分や家族は大丈夫であるようにするためには、2020年までの2年間は、政治が改革を進めるのを期待し、また自分が働く企業や自分が住む自治体がイノベーションを創出するのを期待するのは当然ですが、同時に他人依存になり過ぎず、私たち国民の側も自分や家族の身は自分で守れるようになるために必要な準備を行い、政治や企業、自治体に期待を裏切られても困らないようにしなければならないのです。

即ち、これから2020年までの2年間は、政治や企業、自治体と同様に、もしかしたらそれ以上に、私たち一人一人が自分自身の改革をしっかり進められるかも問われるのです。そのために私たちが何をしなければならないかについては、次章以降で説明したいと思います。

第4章 稼ぐ力を身につけよう

——いかに自分の生産性を高め、いかに長く働けるようにするか

第1節　収入を増やすにはスキルアップが不可欠

自分の生産性を高めることが必要

これまで説明してきたように、日本経済や日本の社会保障・財政の将来を考えると、残念ながら2020年以降はあまり明るい展望を見いだすことができません。

もちろん、そうした見方は悲観的過ぎるかもしれませんが、日々の生活を守らなければならない、そして将来不安をできるだけ減らしたい国民の立場からすれば、一番厳しい将来を予想して、仮にそうなってしまっても自分や家族は困らないように必要な対応策をあらかじめ講じておくようにした方が安全です。

そして、日本の将来は厳しいという前提の下でも自分や家族が困らないようにするには、何よりもまずいかに自分の収入が増えるようにするか、いかに安定的かつ長期的に稼げるようにするかが大事です。

もちろん、第1章と第2章で説明したように、政府が構造改革をしっかりと進めて日本経済の生産性と潜在成長率が高まれば、または自分が働く企業の経営者や自分が住む自治体の首長がイノベーションを創出し続け、企業や自治体の生産性が高まれば、当然ながら収入の増加はある程度期待できます。

しかし、そのような他人頼みだけでは、将来不安は払拭されません。かつ、もしそれらが実現したとしても、グローバル化とデジタル化の進展により今後更に格差が拡大するであろう中では、自分の収入がちゃんと増えていくかは不確かです。

そう考えると、やはり経済全体、企業、自治体といった自分の周りの生産性が高まるのを期待するだけではなく、働き手としての自分自身の生産性を高めて収入が増えるようにすることが不可欠となります。

というのは、経済理論に基づくと、〝働く人の賃金はその人の生産性に比例する〟からです。日本では年功序列賃金や成果に基づかない賃金、更には正規雇用と非正規雇用の賃金格差など、この原則に反する慣行が定着しているので実感するのは難しいと思いますが、基本的には生産性が高い人ほど仕事で生み出す成果が質・量とも大きいことを考えると、収入が多くなって当然なのです。

ちなみに、日本の労働生産性（労働者一人当たりの生産性）は2015年時点で約7万4000ドル、G7の先進国の中で最下位になっています。トップの米国に追いつくには、労働生産性を1・6倍に高める必要があるのです。

スキルアップで自分の生産性の向上を

このように考えると、生産性の向上は、今の日本では経済全体、企業、自治体、個人とあらゆる経済主体に共通する最重要の課題と言うことができると思います。

そして、個人が自らの生産性を向上させるために必要なのはスキルアップ、要は仕事に必要な知識や技術などの新たなスキルを身につけて、自分の仕事の能力と付加価値を高めることに他なりません。

スキルアップが重要と言うと、「なんだ、勉強しろということか」と嫌な気分になる方もきっとたくさんいるだろうと思います。子どもの頃に親に散々言われたことを大人になってまで言われると不愉快でしょうし、「当たり前のことを言うなよ」と思った方もいらっしゃるだろうと思います。

ただ、2020年以降は景気の面でも社会保障の面でも日本経済は今まで以上に厳しい局面を迎える可能性が高く、それが現実になったときのしわ寄せは必ず国民の側に来ることになります。これからの2年の間にスキルアップをしっかりやっておくかどうかで、万一そうなったときに自分や家族を守れるかという個人の耐性は全然違ってくるのです。

その意味で、残り時間があと2年というのは日本経済全体や企業・自治体だけの問題ではないのです。これからの2年が私たち個人のレベルでも非常に貴重な時間であり、その時間をどう有効に使うかも問われていると考えるべきだと思います。

ところで、スキルアップと言われると、どうしても多くの人が〝今の仕事に必要なスキルを身につける〟と考えてしまうと思いますが、日本経済が様々な大きな環境変化に直面している中では、単に今の仕事に限定しないで戦略的に取り組んでいく必要があります。

具体的には、働く個人がスキルアップに取り組むに当たっては、以下の五つのポイントに留意すべきではないかと思います。

①日本はスキルアップしにくい国という認識を持つ
②終身雇用の仕組みは崩壊しつつあるし、正社員になれば安心という時代は終わったという認識を持つ
③日本は〝人生90年時代〟という難しい時代に突入したという意識を持つ
④自分の生涯のキャリアプランを自分で作り、それに基づいて戦略的にスキルアップに取り組む
⑤第4次産業革命とグローバル化の時代に必要なスキルは何かを考える

以下、それぞれのポイントについて説明しますので、読者の皆様がこれからスキルアップに

取り組むに当たって参考になれば幸いです。

第2節　日本は欧米と比べてスキルアップしにくい国

欧米ではスキルアップの機会が充実

第一のポイントは、スキルアップに取り組むに当たっては、日本は非常にスキルアップしにくい国であるということをまず最初に認識しておくべき、ということです。

収入を増やすためには、転職するか、今の仕事を続けるかはともかくとして、自分の生産性を高めるために、仕事に必要な新しい技術や知識などを身につけることが必要となります。だからこそ、欧米ではそのための社会的なインフラがかなりしっかりと整備されています。

例えば米国でスキルアップしたいと思ったら、フルタイム（新しい仕事に就く前）でも、またはパートタイム（仕事をやりながら夜間や週末など）でも、地元の公立のコミュニティカレッジ（日本で言えば2年制大学、専門学校）に通って、安価な費用負担で必要なスキルや学位を取得することができます。

ちなみに、多くのコミュニティカレッジはネット経由でのオンライン授業も提供しています。

実際、カリフォルニア州のある有名コミュニティカレッジでは、生徒の約半分がオンラインと週末の授業の併用で学んでいます。

また、米国では、仕事を辞めてビジネススクールやロースクールなどの大学院に入り直して勉強する人もたくさんいます。

このように、米国では、働く人が自分の都合に合った形でスキルアップに取り組める機会が充実しており、それらを活用して仕事も収入もステップアップしていく、ということが当たり前のように行われています。

また、欧州でも、例えば社会福祉が充実した北欧では、政府や自治体、労使の共同、政府と企業の共同など様々な主体が、期間やレベルなどが多種多様な職業教育・訓練プログラムを提供しています。かつ、その大半は無料で提供されており、会社を辞めて失業手当を受給しながら高度な知識や技術を身につけることもできます。

ちなみに、かつては労働市場が硬直的であったドイツも2000年代に、実習生を受け入れる企業を増やすなど職業訓練を強化し、同時に民間の人材サービス会社を積極的に活用して職業紹介を受けやすくする、といった労働市場の改革を進めました。それによって働く人と経済全体の生産性が向上したので、今のドイツ経済は絶好調を維持できているのです。

このように、欧米ではスキルアップの機会が社会の仕組みの一部として様々な形で提供されており、働く人はそれを活用することで、自分の技術や知識を必要に応じてどんどん高めることができるようになっています。それと比べると、日本はスキルアップしにくい国だと言わざるを得ません。

スキルアップの機会提供が企業任せだった日本

日本では、高度成長期に終身雇用・年功序列賃金・新卒一括採用という日本的な雇用制度が確立されましたが、その過程で、仕事に必要なスキルアップの機会は基本的には雇い主である企業が社員に提供するようになりました。

その最大の手段はOJT（オン・ザ・ジョブ・トレーニング）、つまり実際の仕事を通じて社員に必要なスキルを学ばせるというものです。それ自体は効率的なやり方と言えますが、その企業で長く働くことを前提としていますので、その会社でしか通用しないやり方も多くなり、転職の可能性も含めた汎用性の高いスキルが身につくかとなると疑問です。

もちろん、企業はそれ以外に研修などの教育訓練の機会も提供しています。しかし、それらをしっかりと行えるのは大企業だけで、中小企業の多くでは十分に行う余裕はありません。また、過去20年で日本企業が社員の教育・訓練のために支出する費用はほぼ半減しているので、大企業でも教育・研修の機会はだいぶ減っていると考えられます。

かつ、企業が提供するOJTや教育訓練は基本的に正社員を対象としたものなので、今や働く人の4割弱を占める非正規雇用の人は、スキルアップする機会は非常に少ないのが現実です。

もちろん、国（ハローワーク）や地方自治体（都道府県）も公共職業訓練という形でスキルアップの機会を提供しています。しかし、公共職業訓練は基本的には求職者、即ち仕事をしていない人に対して、仕事をするのに必要な基礎的なスキルを教えるものです。つまり、働いている人が仕事をしながら高度なスキルや新たなスキルを身につけるためのものは、二の次なのです。

だからこそ、例えば2015年度の公共職業訓練の受講者数を見ると、離職者訓練（仕事をしていない人が対象）が約12万8000人であるのに対して、在職者訓練（仕事をしている人が対象）は約10万8000人となっています。数の上では大差ないように見えますが、今の日本の失業率は2・8％とほぼ完全雇用に近い水準であり、働いている人の数の方が失業者数よりも圧倒的に多いことを考えると、働いている人で公共職業訓練を受けている人の割合は非常に低いと言えます。

ある意味でそれも当然です。離職者訓練は訓練期間が3ヶ月～1年であるのに対して、在職者訓練の訓練期間は大半がなんとわずか2～5日です。数日間学ぶだけでまともなスキルや知識が身につくはずがありません。こうした実態からも、日本の公共職業訓練は未だに基本的には仕事をしていない人だけを対象にしていると言えます。

もちろん、こうした体制のままでは働く人がスキルアップを通じて生産性を高めるのは困難ということは、政府も認識しており、安倍政権は〝人づくり革命〟の検討の中で、リカレント教育（学校卒業後も、生涯にわたって教育と就労を交互に行う教育システム）の充実を検討課題の一つとしています。従って、今後は日本でもスキルアップの機会が数多く提供されるようになる可能性はありますが、日本の行政の常で、本当に良い制度・仕組みが確立されるまではかなり時間がかかると予想されます。

これらの事実から明らかなように、残念ながら日本は欧米と比較して、特に働いている人にとってはスキルアップしにくい国なのです。そして、社会の仕組みがそうなっているのを反映して、スキルアップの必要性自体もそこまで社会に浸透しているとは思えません。

政府の支援策を利用してスキルアップを

しかし、そうした社会の仕組みに安住してしまっては、低いスキルのまま働き続けることになり、自らの生産性を高めて収入を増やしていくのは難しいと言わざるを得ません。スキルアップの機会は会社や政府が与えてくれるものと受け身に考えず、自分から能動的に動いてスキルアップを積極的かつ継続的にやっていかなければダメなのです。

それでは、具体的にはどうすればいいでしょうか。当たり前の一般論しか言えませんが、自分の収入を増やすために必要なスキルは何かを戦略的に考え、それを習得できる最適な方法・場所を探して、〝自分への投資〟を惜しまずに取り組むことが必要です。

このうち、自分に必要なスキルは何かを自分で考えるのがもっとも大事です。特に将来の転職も視野に入れている場合は尚更《なおさら》ですので、徹底的に情報を集めて戦略的に考える必要があります。

ただ、注意してほしいのは、情報を集めるとなるとネットで検索するだけで終わる人が多いことです。ネット上の情報の多くは信用できませんので、なるべく信頼できる人の意見を直接聞くようにした方がいいと思います。私も、経産省を辞めてまったく経験のない大学に移るときは、信頼する大学の先生たちの意見をかなり聞き、それが後々すごく役に立ちました。

次に、どうやってスキルを身につけるかについては様々な選択肢がありますが、専門学校や大学院に通う場合は、当然ながらかなりのコストがかかります。授業料はもちろん、フルタイムで学校に通おうと思ったら仕事を辞めなければならないので、収入がなくなる分コストは更に大きくなります。

それが原因で学校などに通うのに尻込みする人も多いと思いますが、政府はそうしたスキルアップに対する支援策を用意しているので、利用可能な制度を目一杯利用して自己負担をなるべく減らすことを考えましょう。

意外と多くの国民がこうした政府の支援策の存在を知らずに利用していませんが、はっきり言ってもったいないです。政府はバラマキと言えるくらいに国民に対する様々な支援策を講じており、それは自治体が発行する広報誌を読むか、厚生労働省や自治体のHPを見れば、簡単に見つけることができます。

スキルアップについては、例えば教育訓練給付金という制度があります。厚生労働省が指定する学校で教育訓練を受けることが必要ですが、例えばスキルアップの最初の第一歩となる〝一般職業訓練〟の講座を受講すると、授業料の20％（上限10万円）が政府から支給されます。また、専門性を高めるための〝専門実践教育訓練〟の講座を受講すれば、授業料の40％（年間上限32万円）が最大3年間にわたって給付されます。

専門実践教育訓練の講座を提供する学校として厚生労働省が指定しているところを見ると、例えば東京都だけで30を超える専門学校、大学、大学院が対象となっており、ジャンルも介護、保育、美容、調理からビジネス、IT、デザインまで幅広くカバーされています。そして、講座受講後に資格を取得して正社員として採用されれば、給付額の年間上限が48万円にまで上がります。

ちなみに、専門実践教育訓練を受けている人を対象に、一定条件を満たせば、受講する前の仕事で得ていた給料の一定割合を政府が支給して生活を支援するという制度（教育訓練支援給付金）もあります。

その他に、地方自治体でも、特定の資格の取得を支援する助成金などを提供しているところも数多くありますので、国の制度以外に、今住んでいる自治体がそうしたスキルアップ支援策を講じていないか確認することも大事です。

杉村太蔵君という素晴らしいロールモデル

ただ、現状では残念ながら、厚生労働省が指定した講座や自治体が定めた資格取得といった条件が満たされないと、政府の支援を受けることができません。自分が行きたい学校がそれらの対象外の場合は全額自己負担となるので、そうなると尻込みしてしまう人もいるかと思いますが、そこで絶対に諦めないでください。スキルアップのための負担は、自分への投資に他ならないからです。

投資については第5章で詳しく説明しますが、今の自分に投資することで将来の収入が増えるようにするのは、リスクを取ってリターンを得るという投資そのものなのです。だからこそ、投資の感覚が広く普及している米国では、多くの米国人が奨学金で多額の借金を背負ってでも大学院などに通ってスキルアップして、自分のキャリアと収入のアップに取り組んでいます。

それと同じアプローチで頑張っている、多くの人のロールモデルとなるべき例を紹介しますと、テレビのバラエティ番組で活躍している元政治家・小泉チルドレンの杉村太蔵君は、2016年に私がいる大学院の博士課程に入学し、私の研究室で政策に関する研究を行っています。

杉村君は、最初は外資系金融機関に勤務し、その後国会議員となり、今はテレビ出演がメインと、転職を繰り返してきています。そうした経験から、彼はテレビの仕事で一生稼いでいく気はないようで、将来的にはまた政治の世界に戻る可能性も含めて政策の世界に携わって日本を良くしたいと考え、そのために必要な政策の知識を身につけようと、まさにスキルアップのために大学院に入学したのです。

杉村君が偉いのは、うちの大学院は非常に学費が高い（年間約120万円）にも拘わらず、自分に投資をして、将来の転身に備えようとしていることです。金融機関に勤務して投資の感覚が身についているからこそと言えますが、この杉村君の例は、自分に投資をしてキャリアを変えていきたいという人の参考になるのではないでしょうか。

蛇足になりますが、杉村君が大学院の博士課程に入学したのを聞いて、私の知り合いの多くが「また政治家になれる可能性なんてないのに何やってるんだ」「チャラチャラ国会議員やって今はバラエティ番組ばかりに出ている人間を博士課程に受け入れるなんて、大学院の側もおかしいいんじゃないか」などと悪口を言っていました。

残念ながら、これが日本の縮図です。杉村君はスキルアップして自分の将来を自分でデザインしようとすごく真面目に考えているのに、多くの人はステレオタイプな発想で否定的な意見しか言わないのです。スキルアップして転職しようと行動を起こすと、こうした否定的なことを言われることが多いかもしれませんが、すべて無視しましょう。

これは私の個人的な信念ですが、人間は努力すれば必ずなりたい自分に近いところまで行けます。スキルアップして収入を増やすことにもそれは当てはまります。それを邪魔するのが周りの無責任な横槍《よこやり》なのです。自分の進む道を自分の意思で変えるのは自分のイノベーションに他ならないのですから、スキルアップに取り組む過程で周りの雑音は一切無視すべきと思います。

第3節　終身雇用は崩壊するし、正社員は安心という時代は終わった

終身雇用を崩壊させつつある三つの要因

第二のポイントは、終身雇用・年功序列賃金・新卒一括採用という日本型雇用の仕組みはそう遠くない将来に崩壊し、転職が当たり前の時代が来ると考えるべきということです。

その最大の理由は高齢化の急速な進展です。日本人の平均寿命の推移を見ると、図４−１のように急速に延びています。現在は男性で80・７９歳、女性で87・０５歳ですが、40年前と比較すると、男性で９歳、女性で10歳も長生きになっているのです。

かつ、今の高齢者はかつてと比べて非常に元気になっています。高齢者の身体機能や健康状態、知的能力は年々向上していて、現在の高齢者は10年前と比べて５〜10歳は若返っているそうです。実際、ある研究によると、１９９２年の65歳の人と最近の75歳の人の歩行スピードはほぼ同じだそうです。

だからこそ、日本老年医学会は、これまで「前期高齢者」であった65〜74歳の人を「准高齢者」、「後期高齢者」のうち75〜89歳を「高齢者」、90歳以上を「超高齢者」とすべきと提言しています。つまり、今や75歳からが高齢者と考えるべき時代になっているのです。

実際、日本人の健康寿命（健康上の問題がない状態で自立した生活を送れる期間）は男性で71・１９歳、女性で74・２１歳（２０１３年）にまで上がっています。ざっくり言って、75歳までは元気に働けるのです。

その一方で、いずれ年金などの社会保障の水準が大きく低下するであろうことを考えると、65歳以上の高齢者の労働参加率が高まるのみならず、将来的には今まで以上に高齢者が本当に高齢になるまで働き続ける可能性が高いと予想できます。

図4-1　日本人の平均寿命

	男性	女性
1975年	71.73歳	76.89歳
1995年	76.38歳	82.85歳
2015年	80.79歳	87.05歳
2035年	82.40歳	89.13歳
2060年	84.19歳	90.93歳

そうなると、日本独自の雇用制度、特に終身雇用という雇用形態が変わる可能性も大きいのではないでしょうか。

今は多くの大企業が、60歳での定年後も定年延長という形で正規雇用の社員が65歳まで働けるようにしています。しかし、高齢者が元気になり、かついずれ年金の支給開始年齢が70歳に引き上げられ、年金支給額も大幅に削減される可能性が高いことを考えると、将来的には70歳まで、もしかしたら75歳まで働くことが当たり前になるかもしれません。

そうなると、学校を出て70歳とか75歳まで終身雇用で同じ企業に勤め続けるというのは、さすがに無理があると言わざるを得ません。高齢化の進展によって終身雇用という仕組みの維持が困難になるのです。

かつ、政府も人口減少下で経済の生産性を高めるため、雇用市場の流動性を高めようとしています。

日本の大企業は終身雇用の下で、不採算部門、つまり生産性が低い部門であっても、そこにいる社員の仕事を維持するために潰さない傾向があります。しかし、社員を生産性の低い非効率な部門にとどめることは、深刻な人手不足の下で人材という資源を無駄遣いしていることに他ならないので、日本経済の生産性も高まりません。

そこで、政府は雇用市場の流動性を高め、生産性が低い部門から成長部門へ雇用を移動しやすくしようとしているのです。もちろん、それを実現するには、解雇規制を緩和して企業が金銭解雇をしやすくする、といった抵抗の強い改革を進める必要があるので、それが実現するには時間がかかります。

それでも、人口減少により毎年50万人も生産年齢人口が減る中では、いずれそうした方策を実現せざるを得ませんし、何より、既に政府が目指す方向性を先取りする形で民間の側から大きな変化が起きつつあります。

それが、２０１７年に起きた〝物流クライシス〟です。宅配最大手のヤマト運輸が、深刻な人手不足により安値での企業との取引の見直しや社員の勤務形態の見直しに取り組み始めました。無理な安値で取扱個数を増やして社員に長時間労働を強いるのを止めるのは、生産性を高めようというヤマトの意思表示に他なりません。

そこで注目すべきは、ヤマト運輸が２０１７年度に中途採用を中心に1万人規模を新規に雇用すると決めたことです。これだけの規模の中途採用を行うというのは産業界でも異例のことなので、給与などの待遇はかなり良いはずですから、同業他社や異業種からのヤマト運輸への転職が増えるでしょう。

生産性が高い企業ほど社員に高い給与を支払うことが可能であることを考えると、この物流クライシスへのヤマト運輸の対応がきっかけとなって、高い給与などの良い待遇を求めて生産性が高い企業に転職する動きが本格化して、いずれ終身雇用という仕組みが崩壊する可能性もあると思います。

正社員になれば安心という時代は終わった

そもそも終身雇用や年功序列賃金といった日本的な雇用制度の恩恵を受けているのは、大企業に勤めていて労働組合に雇用が守られている人だけです。その割合は働く人全体の3割程度に過ぎず、残りの7割の中小企業の正社員、派遣・パートといった非正規の人たちにとって、終身雇用は当たり前の前提ではありません。

そう考えると、終身雇用の崩壊を声高に言う必要もないのですが、気になるのは、若い世代には未だに収入や仕事のやり甲斐《がい》よりも安定を求める人が意外と多く、有名大企業での終身雇用の正社員への憧れのようなものがあることです。

また、〝限定正社員〟という区分ができ、人手不足で非正規から正社員に転じやすくなった

 こともあり、とにかく正社員になるのが大事、正社員になれば安心という風潮が未だにあるように感じられます。

確かに、正社員になれば非正規に比べて収入が増えますし、社会保険料の半分を企業が負担してくれるようになるので、メリットが大きいのは事実です。加えて大企業の正社員になれば、終身雇用というメリットも享受できるのですから、多くの人がそのように安定して恵まれた立場を目指すのは、気持ちとしてはよく分かります。

ただ、既に述べたように、そもそも終身雇用の仕組み自体が崩壊しつつあります。かつ、正社員になれたら、特に大企業の正社員になれたら生涯安心などということも今や幻想となりつつあります。

それは東芝を見れば明らかです。おそらく東芝に就職した人は皆、名門企業の正社員になったのだからこれで将来は安泰だと思っていたはずです。ところが、3代にわたってダメな経営者が常軌を逸した経営判断を続けた結果、東芝の業績は赤字に転落して企業の存続が危うくなるまでに追い詰められました。その過程で、社員の給料は当然下がりましたし、事業売却に伴ってリストラの憂き目にあった人もいます。

東芝より前には、サンヨー、シャープといったかつての名門企業もほぼ同じ顚末を辿りました。また、2017年に起きた日産自動車や神戸製鋼の大規模な不正も、基本的構図は同じです。かなり大規模な不正なので業績やビジネスにある程度の影響が生じるのは避けられないと思いますが、そうした影響が大きい場合は、給与カットやリストラなどによってやはり社員にしわ寄せが来ることになります。

第2章でも説明しましたが、これらの企業の顚末を見れば分かるように、意外と多くの日本の大企業は、現場は一流だけど経営陣は三流というのが現実です。多くの中小企業も同様でしょう。高度成長期のような右肩上がりの時代ならそれでも何とかなりましたが、グローバル競争が激化する一方で国内市場ではデフレや人口減少など様々な構造変化が進む今は、正社員であったとしても、もしかしたら三流の経営者がいる企業で働き続けること自体が、収入を増やしつつ長く働き続ける観点からはリスクなのかもしれないのです。

こうした現実も踏まえると、終身雇用はもちろん、正社員という立場に安住してしまうよりも、スキルアップに積極的に取り組んで自分の生産性を高めて、良いチャンスがあったら転職も厭《いと》わない、というスタンスの方が、ダメな経営者に自分の収入や人生を左右されず自力で安定を摑み取ることができるのみならず、自分がやりたい仕事を思い切りできるなど人間としても幸せな人生を送れるのではないかと思います。

その例を一つ紹介しますと、サンヨー、シャープがダメ経営者の経営判断のミスにより危機に瀕《ひん》したとき、多くの技術者がリストラされました。彼らは終身雇用でずっと働けると思っていたし、名門企業で働くことにプライドを持っていたので、当然ながらリストラされて失意のどん底に沈みました。

しかし、その頃家電分野に進出を始めたアイリスオーヤマが、それらの技術者を積極的に採用しました。そこに移った技術者たちは、意思決定に時間がかかる大企業と違って、自分の提案が経営者の即断で採用されて短期間で製品化されるというダイナミズムを経験し、かつての名門企業にいた頃よりもやり甲斐を感じて頑張っているそうです。

もちろん、だからと言ってすべての人が転職を目指すべきと主張する気はありません。今働いている企業で長く頑張り続けるというのも大事な価値観です。ただ、繰り返しになりますが、終身雇用は崩壊しつつあるし、正社員だから安心などということはもうありません。

そう考えると、やはりこれからは転職の可能性を常に視野に入れつつ、そしてそれが転職を通じてか、今働いている企業の中での昇進を通じてか、はともかく自分の収入を増やすために不断のスキルアップに取り組むことが必要ではないかと思います。

仮に企業で正社員として働いているとしても、企業は個々の社員の収入や幸せの最大化など考えてくれません。企業の都合が最優先です。自分が将来どう稼いでいくかは職場の周りの誰も心配してくれません。だからこそ、自分でよく考えてスキルアップに取り組むことが必要なのです。

第4節　〝人生90年時代〟になったからこそ考えるべきこと

〝長生きの時代〟とは〝高齢になっても働く時代〟に他ならない

第三のポイントは、それが良いか悪いかはともかくとして、日本は〝人生90年時代〟という長生きの時代に入ったということです。

英国の経済学者リンダ・グラットンらの著書『ライフシフト〜100年時代の人生戦略』がヒットしたのをパクって、自民党の〝2020年以降の経済財政構想小委員会〟が人生100年時代の社会保障について提言し、更には政府で人づくり革命の具体策を検討する会議の名前が〝人生100年時代構想会議〟であることが、それを象徴しています。

国立社会保障・人口問題研究所の推計を見る限り、人生100年というのはちょっと大げさですが、日本は人生90年の時代に入りつつあり、若い人ほど将来は今よりも一層長生きとなることは間違いありません。

実際、2015年の日本人の寿命は男性が80・79歳、女性が87・05歳ですが、これはあくまで日本人全体の平均寿命で、65歳まで生きた人の寿命で見ると、図4-2のように男性が

図4-2　65歳まで生きた日本人の平均寿命

	男性	女性
2015年	84.46歳	89.31歳
2035年	85.93歳	91.17歳
2060年	87.33歳	92.72歳

約84歳、女性が約89歳になります。そして、2060年にはこの65歳まで生きた人の寿命は男性が約87歳、女性が約93歳になると予想されています。

もちろん寿命が今後さらに長くなるというのは、それ自体素晴らしいことなのは間違いありません。ただ、現実的に考えると、良いことであると同時に大変なことでもあります。

第一に老後の生活の心配があります。

総務省の「家計調査報告」(平成28年度)によれば、60歳以上の夫婦世帯の毎月の平均支出は26万8000円、60歳以上のシングル世帯で15万6000円でした。

一方、生命保険文化センターの「生活保障に関する調査」(平成28年度)によると、夫婦二人で老後生活を送るために必要と考える最低の日常生活費は毎月22万円、ゆとりある老後のために必要な金額は毎月35万円でした。

既に述べたように、後者の数字は多くの人に生命保険に加入してもらうために多少大げさになっている面があるかもしれません。それでも、これらの数字から、ざっくり言って老後は夫婦なら毎月20万～30万円、シングルなら毎月15万～20万円くらいが必要になると考えられます。

これに対して、現状でも基礎年金は夫婦で月13万円、厚生年金だと夫婦で23万円くらいですが、今後はこの年金支給額も大幅に削減される可能性が高いことを考えると、一部の恵まれた人を除いて老後の生活は年金だけでは足りない可能性が高いのです。

従って、将来的には年金支給開始年齢が70歳になる可能性が高いことを考えると、いずれ70歳まで働くのが当然となるでしょうが、老後のための十分な蓄えがない人は、場合によっては更に長く75歳とか80歳まで働くことも視野に入れておくべきかもしれないのです。

第二に、既に述べたように今の高齢者は昔より格段に元気になっていることを考えると、将来の高齢者は更に元気になっているでしょう。となると、生活のことを抜きにしても、生き甲斐や充実した人生といった観点から、高齢者もできるだけ長く社会との関わりやつながりを維持すべきです。この観点からも、75歳とか80歳まで働くことは大事ではないでしょうか。

こう書くと、そんな高齢になってまで働き続けられるのかと思う人も多いでしょうが、歴史的にもそれは可能と証明されています。

例えば、1880年の米国では80歳以上の人の半分近くが何らかの職を持っていて、65～74歳の80％が何らかの形で雇用されていました。また、1881年の英国では65歳以上の男性の

73%が職を持っていました。60代でリタイアという生き方は、工業化と大量生産の時代に確立されたものに過ぎないのです。

今の日本でも、例えば農業従事者の平均年齢は67歳です。健康寿命は男性が71歳、女性が74歳です。そして高齢者は昔よりどんどん元気になっています。〝人生90年時代〟とは〝高齢になっても働く時代〟に他ならないのです。

新たな生き方を示唆する自民党の報告書

そして、長生きの時代だからこそ、転職は当たり前になるはずです。定年の年齢が将来的に75歳にまで延びるとは考えられません。企業が生涯面倒を見てくれる時代は終わったのです。

しかし、65歳で定年だったら、人生90年時代にはその先の人生はまだ25年も残っているのです。そこで新しい仕事に移るのも転職に他なりません。

この点に関連して、自民党の〝2020年以降の経済財政構想小委員会〟が2016年4月に公表した中間報告（「2020年以降の『第二創業期』に向けた議論の経過」）が非常にクリアに問題意識を表明しているので、その要旨を以下に抜粋しておきます。

・戦後は多くの日本人が20年学び、40年働き、その後は休むという人生を送ってきた。（「第一創業期」）
・しかし、1980年代から始まった少子高齢化と1990年代初頭のバブル崩壊により、日本は失われた20年と呼ばれる長い停滞期に入り、第一創業期はここで役割を終えた。
・人口減少と少子高齢化がより深刻化することを考えると、失われた20年はさらに続くのではないかと懸念される。また、平均寿命は大きく伸び、22世紀には100歳まで生きることが当たり前の社会となる。
・だからこそ、人口減少を逆手にとって、「第二創業期」ともいえる新しい経済社会像を作り上げる必要がある。戦後の第一創業期を支えたレールを壊し、多様な生き方を選択できる新しい日本社会を作ることが必要。
・人生100年時代の働き方は、長期雇用は維持しつつも、一つの組織や職場に所属し続けることだけが選択肢ではなく、自らの関心に応じていつでも学び直しができるようになる。兼業や副業も当たり前になる。こうした多様な生き方を可能とするには、労働や社会保障、教育も大きな変更が必要となる。
・かつて幸せになるために作られたレールが、今やこの国の閉塞感につながっている。人生100年時代には、意欲のある高齢者がより長く働くことが自然となる。すべての年代の国民に対し、いつでも学び直しができ、何度でも新しいことにチャレンジできる環境を整える必要がある。

長く働き続けるにはどうすればいいか

この提言は、常に改革に後ろ向きな自民党にしては非常に真っ当なものだと思います。私は個人的に、人生90年時代という長生きの時代になりつつあるからこそ、働くすべての人は自分の将来を考えるに当たって二つの点に留意すべきではないかと思います。

一つは、安定した企業に正社員として勤めている人ほど、定年退職前のできるだけ早い段階で、例えば75歳まで働くとした場合、自分が何を売りにしてどのような仕事で稼いでいくかを真剣に考えるべきということです。

理由は簡単で、今まで働いていた企業が75歳まで面倒を見てくれることなどあり得ない以上、自分で新たな仕事を見つける、つまり転職をする必要があるので、そのために必要なスキルを早い段階で身につけるべきだからです。

やはり新しい知識やスキルを貪欲に吸収できるのは、気力も体力もある若い頃です。定年が近くなってから新しいスキルを身につけて新たな仕事に就くのは大変です。

その意味で私は自分がラッキーだったと思っています。45歳という、世間的には完全に中年の年齢とはいえ、それでもまだ比較的元気なタイミングで経産省を辞めて転職したので、新たな仕事に必要なスキルを積極的に学ぶことができました。50歳を超えても頑張っているつもりですが、やはり40代の頃と比べて体力も根性もかなり落ちたと実感しているので、40代半ばで転職をして本当に良かった、ギリギリセーフだったと思っています。

この経験から、私は東京大学の柳川範之氏が提唱する〝40歳定年制〟に大賛成です。できれば元気な40代、遅くても50代の前半には、自分が定年を迎える頃から75歳頃まで何を売りに稼いでいくのかについて、大まかな方向性を考え、実際に転職するかはともかくとして、そのために必要なスキルを早めに身につけるようにすべきではないかと思います。

もう一つは、長生きの時代だからこそ、75歳頃までどう稼いでいくかを考えるに当たっては、転職に加えて、思い切って自分で起業するという選択肢も考えてみるべきではないかということです。

安定した企業で働き続けるにしても、転職するにしても、雇われの身であるうちは雇い主である会社によって自分の働く人としての賞味期限が決められてしまいます。定年退職という形で会社が社員の賞味期限を60歳とか65歳と決めているのは、あくまで会社側の都合に過ぎません。個人の能力やポテンシャルはまったく無視されています。

それはやむを得ないことではありますが、同時に長生きの時代にはおかしなことでもあります。長生きの時代になったからこそ、自分の賞味期限は自分で決め、自分の人生は自分でデザインできるようにすることは今の時代には非常に重要ではないでしょうか。

もちろん、起業はハードルが高いのは事実です。ただ、米国人などと違って日本人は起業が苦手なんだと考える人もいますが、それは大きな誤解です。

確かに日本全体の起業率は低いですが、例えば日本全国で信号機の数は20万であるのに対して、美容室の数はそれより多い23万もあり、理髪店だって13万もあります。それら美容室や理髪店の大半は個人が起業したものです。

また、東京は食文化の水準が世界一と言われています。ミシュランの星を獲得したレストランの数は世界一ですし、凄まじい数のレストランがありますが、それらのレストランも大半は個人が起業したものです。このように、実はサービス業では日本は起業が盛んに行われているのです。

今は既に毎年の起業の約1／3が65歳以上の高齢者によるものとなっています（中小企業庁調べ）。この数字から、既に定年を過ぎた高齢者にとって、起業は働き続けるための重要な選択肢となっているのです。

〝ハイブリッド副業〟の勧め

それでは、もし起業という選択肢を考える場合、実際にはどのように準備を行うべきでしょうか。強くお勧めしたいのは〝ハイブリッド副業〟です。これは、本業の仕事を続けながら、まずは平日の勤務時間後や週末を使って副業の形で起業してみるというものです。

やはり起業には大きなリスクがあるので、正社員の仕事をスッパリと辞めて新しい企業のスタートアップに全力を注ぐというのは、潔い反面大きなリスクが伴います。リスクを減らすには、今の仕事で収入を得つつ、いわばお試し起業でうまく行くかを見定め、大丈夫と確信できたら今の仕事を辞めて起業した会社をメインにするというのが良いのではないでしょうか。

〝ハイブリッド副業〟を活用した起業は、米国では当たり前のようにたくさん行われています。米国の経営学者の分析によると、米国で成功したベンチャー企業のうちかなり多くが、最初はハイブリッド副業によって起業されているそうです。

ちなみに、副業をうまく活用するというのは、起業に限定せず働く人のキャリア全般の中で非常に有効な手段となり得ます。

まず、転職をする場合でも、可能なら最初は副業という形でお試し転職をやれれば、新しい仕事や職場が本当に自分に合うかどうかを見定められるので、転職が失敗となる確率を大きく下げることができます。

次に、起業や転職が前提かはともかく、副業で本業以外の仕事を体験することで、副業で学んだ新しい知識や経験を本業に活かすことが可能となります。それは、後で詳しく説明しますが、クリエイティビティというどんな仕事をする上でも大事な能力を伸ばすことに他なりません。副業はこうした観点からもすごく有益なのです。

そう考えると、日本では職務専念義務という概念が未だに幅を利かせていて、大企業全体の中で社員に副業を認めているのは10％未満というのは、いかに日本の社会の仕組みが時代遅れになっているかを象徴しています。

ちなみに、私が起業やハイブリッド副業が良いと思っているのは、それを実践した人を間近に見ているからです。加藤公貞さんという元音楽業界の人なのですが、彼の経験はすごく示唆に富んでいます。

レコード会社社長から生ハム職人への転身

加藤さんは約30年前に大学を卒業して大手レコード会社に就職しました。そして、当時の音楽業界はすごく景気が良かったので、加藤さんは二十数年前に仲間と共同で長野県の八ヶ岳山麓に別荘を買いました。それ以来、週末は家族とその別荘で過ごすという生活をしていましたが、別荘では意外とやることがなくて退屈だったため、ひょんなきっかけからソーセージ作りをして時間を潰すようになりました。

ところが、それがやり始めると予想外に面白かったので、だんだん趣味になってしまい、ついには会社の夏休みを使ってドイツにソーセージ作りの修業に行ったり、保健所の講習に通って食肉加工に必要な免許を取得するくらいにのめり込んでいきました。

そうこうするうちに、加藤さんはソーセージの延長で生ハムも作るようになりました。そして、作った生ハムとソーセージを知り合いに配ると、「これは美味しい。これで商売をすべきだ」と言われるようになり、その評判を聞いたレストランや有名なお店からも注文が来るようになりました。

しかし、加藤さんはその頃には外資系のレコード会社の社長になっていたので、本業をしっかりやらないといけないし、何よりまだ生ハム・ソーセージ作りで生計を立てる自信などありませんでした。

そこで、平日は東京でレコード会社の社長をやりつつ、週末は個人で起業した〝八ヶ岳食工房〟で生ハム・ソーセージの製造と出荷をこなすという、まさにハイブリッド副業そのものの生活を数年続けました。

そして、それを続けているうちに、生ハム・ソーセージ職人という仕事で食べていける自信がある程度ついてきたので、50代半ば、つまり定年退職の年齢に達する前にレコード会社の社長を辞めて、生ハム・ソーセージ作りを本業にしたのです。

ちなみに、加藤さんが定年退職前に自分からレコード会社を辞めるという、勇気の必要な決断をできた理由を聞いたところ、「レコード会社に自分の社会人としての賞味期限を決められるのが嫌だったから。自分一人で生ハム・ソーセージを作る仕事なら、何歳まで働くかはもちろん、日々どういうペースで働くかも自分ですべて決められるので、その方が長い目で見て良いと思った」とのことでした。

この加藤さんの経験は非常に多くの教訓を物語っています。

第一に、生ハム・ソーセージ作りは最初は趣味に過ぎなかったことからも明らかなように、趣味を稼げるスキルにまで高めるのも大事なスキルアップの一つだということです。スキルアップというと勉強、勉強というイメージになりがちですが、今は地域の課題に取り組むNPOでも稼げる時代です。〝好きこそものの上手なれ〟ではありませんが、自分の趣味とか、仕事以外で関わっていることをとことん極めてみるという意識を持つことも大事ではないでしょうか。

第二に、やはりハイブリッド副業は、起業を目指す人にとっては有効なアプローチだということです。起業はハードルが高くて無理と最初から諦めず、週末などをうまく使って実験してみる、起業の可能性を追求してみるというのも、自分の将来の選択肢を増やすためには大事ではないでしょうか。

第三に、加藤さんが作った生ハムはすごく美味しいのですが、その理由は、世界で初めて麴《こうじ》を使って作ったからです。生ハムと麹というニュー・コンビネーションを作り出したのですから、イノベーションそのものです。生ハムというと塩っ辛いのが当たり前な中で、塩分の取り過ぎを嫌う高齢者も食べやすい、いわば日本的な生ハムを追求したのです。また、加藤さんは他にも生ハムをベースにした新たな商品もどんどん開発しています。

そうした新しい取り組みができるのは、加藤さんがもともと音楽業界という、食肉加工とはまったく違う世界から新規参入したからです。イノベーションを生み出すには異業種など様々な異なる分野の知恵や経験を集めるべきであることを考えると、転職や起業をするときは、今の仕事と同じ業界で考える必要はなく、まったく関係ない仕事や業界にも視野を広げるべきです。

第5節 自分の生涯のキャリアプランは自分で作る

キャリアプランを作ってスキルアップのベースにする

第四のポイントは、これまで述べた要素を勘案した上で、自分が今後の人生でどう稼いでいくか、具体的には、転職や起業も含めどのような仕事をしてどれくらい稼いでいくかという生涯のキャリアプランを自分で作り、それに基づいて戦略的にスキルアップに取り組んでいくべき、ということです。

多くの人が、老後に向けてどれくらい貯蓄しておくべきかについてはある程度考えていますが、どうやって働いていくかということになると、「定年まではなるべく今の会社で」といった漠然としたレベルでしか考えていないように見受けられます。

しかし、既に述べたように、今後は転職は当たり前になり、かつ将来的には75歳まで働くことになる可能性が高いのです。その一方で、企業は、社員の転職や退職後の仕事のことまでは考えてくれません。従って、蓄えるという行為に加えて、働くという行為についても戦略的なプランニングが必要になるのではないでしょうか。

もちろん、キャリアプランと言われても具体的にどう考えてどう描けばいいのか分からない人が圧倒的多数だと思います。実際、私もベストなやり方など分かりません。ただ、自分のこれまでの経験から、自分のキャリアプランを考えるに際しては二つ大事なポイントがあると思っています。

一つは、あまり詳しいものを作っても無意味だということです。当たり前ですが、人生が自分の思った通りに動くことなんてありません。経済や仕事を取り巻く環境の変化は激しいし、かつ、上司の意向など自分ではコントロールできない要素が大きく影響するからです。また、自分の今後をあまりガチガチに決め過ぎてしまうと、新しい可能性との出会いを閉ざしてしまいます。

従って、キャリアプランと言いながらも具体的なプランである必要性はまったくありません。むしろ自分の今後の仕事に関する願望や目標（○○歳で部長に昇進、○○歳で○○業界に転職、○○歳で月収○○万円など）をざっくりと並べる程度で十分だと思います。

私自身の経験から、仕事での新しい可能性は新たな人との出会い、新たな情報の発見などを通じてもたらされると思います。新たな出会いに応じて柔軟に変更できるよう、キャリアプランはできるだけラフに作って自由度を大きくしておき、不断のスキルアップに取り組むに当たっての道しるべのような位置付けとして活用すべきではないかと思います。

キャリアプランは自己チェックのツールになる

もう一つは、自分のスキルアップのための道しるべとして活用すべきだからこそ、キャリアプランは一度作ったら完成ではなく、頻繁にバージョンアップを繰り返すべきということです。まず、収入を増やすために転職も積極的に考えろと散々言ってきておいて正反対のことを言うようで恐縮ですが、収入ばかりを考えてキャリアプランを作ったら、決してうまく行かないのではないかと思います。

これまでもデフレや人口減少、少子高齢化など、経済や仕事を取り巻く環境は激変してきました。今後は、この後に述べる第4次産業革命やグローバル化によって更に激変することになります。そうした中でしっかりと稼ぎ続けるためには、環境変化に対応して不断のスキルアップに取り組むことが不可欠です。同じことを何度も繰り返して申し訳ありませんが、「スキルアップなくして収入増なし」なのです。

そう考えると、これからの時代に働く人には〝環境変化に対応できる柔軟性〟〝高い学習意欲〟、そして〝大きな好奇心〟という三つの要素が絶対に必要だと思います。

東芝の顚末から分かるように、今は自分が働く会社が10年後どうなっているかも分からないし、今の仕事が続いていている保証もありません。そうした環境では、予期せぬ新しいことが起きても、それに柔軟に取り組んでいけることが大事な能力になります。

また、今の仕事にしか関心がないようでは、新たな局面は乗り切れません。趣味でも何でも、仕事以外のことにも積極的に関心を持ち、それらに熱心に取り組むことを通じて、自らの柔軟性を高めるとともに、世の中で起こっていることを肌感覚で感じることが大事なのです。

だからこそ、キャリアプランは、自分が環境変化を意識できているか、それに柔軟に対応できているか、学習意欲や好奇心は落ちていないか、といった点を自己チェックするツールとしても活用すべきなのです。

それらがちゃんとできていれば、おそらくキャリアプランはかなり頻繁にバージョンアップされることになるはずです。逆に、ずっとバージョンアップされないなら、それらのどこかに問題があるはずなのです。

私のキャリアプラン

参考になるか分かりませんが、私が自分のキャリアプランをどう考えているかを書いておきます。

まず、私は自分の人生はほぼ10年周期だと考えています。これは、自分の人生を振り返ると、

・１９７６年に両親が離婚。問題が多かった父親と離れて勉強できる環境となったことで、その後日比谷高校、一橋大学へと進学でき、自分の基礎学力を高めることができた
・１９８６年に通産省（今の経産省）に入省。その後様々な部署を経験するとともに米国にも留学でき、社会人としての能力を高めることができた
・１９９５年の暮れに国際機関（ＫＥＤＯ：朝鮮半島エネルギー開発機構）に出向して北朝鮮との交渉に従事。その後日本に戻ってから、小泉政権で竹中平蔵大臣（当時）の補佐官・秘書官として郵政民営化や不良債権処理などの構造改革を推進。結果として10年にわ

たって大きな仕事に携わり続けた

・２００６年に経産省を退職して、慶應大学とエイベックスに新たな職を得た

と10年おきに自分の人生にとって大事なイベントがあったからです。このような10年周期という意識を持つようになったのは経産省を辞める前ですが、それ以来、私は基本的に10年単位で自分のキャリアプランを考えるようにしています。

実際、２００６年に経産省を辞職する段階では、それからの10年をどう過ごすかについて真剣に考えました。その結論は、大学教授とエイベックス役員という新しい仕事のオファーをいただいたのも何かの縁なので、それからの10年はこの二つの仕事を一生懸命やるとともに、人生で初めて民間で仕事をするので、来るものは拒まずでどんな仕事でも受けて、民間人として仕事をするための作法を学ぼうと考えました。

このように、私はあまり緻密ではない、ラフなキャリアプランしか考えないのですが、結果的にはそれが良かったのか、この10年で、バラエティを含め様々なジャンルのテレビ番組に出させていただく、ＲＩＺＩＮという総合格闘技団体の運営に関わる、海外のヘッジファンドのアドバイザーとして金融の世界に関わる、幾つかの地方自治体の顧問になって地方創生に関わるなど、節操がないくらいに様々な経験をすることで、自分の経験値を大きく高めることがで

きたと思っています。

そして、２０１６年は特に区切りとなるような大きな出来事はなかったのですが、そこからまた新たな10年周期が始まったと考えています。

今のところの私の今後のキャリアプランがどうなっているかというと、まず２０１６年（54歳）からの10年間については、二つの目標を置いています。

一つは、これまでの10年は余りに何でも仕事をしてきたので、少し仕事の選別をして、日本の課題を解決するためにも、地方経済の活性化の成功例を作り出すことにより多くの時間を使おうと思っています。

もう一つは、起業をすることです。既にそのアイディアというかネタは幾つかあるのですが、よく考えてその中の一つで起業しようと考えています。先ほどの加藤公貞さんをはじめ何人か一緒に仕事をしたい仲間もいますし、何より50代後半、60代でも日本のためになる起業はできることを証明できればと思っています。

そして、２０２６年（64歳）からの10年で、その起業した会社のビジネスを軌道に乗せることができればと思っています。それが実現できれば、75歳近くまでは仕事をできることになるのですが、どうなるでしょうか。

第6節　第4次産業革命の時代に必要なスキルは何か

2000年代半ば以降急速に進んだデジタル化とグローバル化

第五のポイントは、デジタル化とグローバル化、そしてその進化形である第4次産業革命は今後、働く人の仕事や収入に大きな影響を及ぼすし、仕事に必要なスキルも大きく変えるであろうということです。

第4次産業革命とは、一言で言えばAI（人工知能）、ロボット、IoT（Internet of Things：モノのインターネット）などの最先端のデジタルとインターネットが製造業をはじめとするあらゆる産業のあり方を変革する、というものです。

この第4次産業革命は、第2章でも述べた1990年代から世界で進んでいるデジタル化とグローバル化という構造変化の進化形と捉えることができます。

歴史的に見ると、グローバル化はベルリンの壁の崩壊とソ連邦の崩壊をきっかけに1990年代以降一気にそのペースを速めました。

一方、デジタル化は1980年代後半にパソコンの普及、1990年代後半にインターネットの普及、2000年代後半にスマートフォンとソーシャルメディアの普及と、10年単位でそのペースがどんどん速くなっています。

実際、世界初のスマホ(アップルの初代iPhone)は2007年に、また世界初のタブレット型端末(アップルの初代iPad)は2010年に発売されました。フェイスブックが一般向けのサービスを開始したのは2007年、ツイッターが世界展開を始めたのは2006年です。世界中の人が今使っているデジタルの端末とサービスの多くは、2000年代後半に登場したのです。

そして2010年代後半は第4次産業革命がデジタル化のペースを更に速めているのみならず、グローバル化も後押ししていると言えます。

ネットの普及は情報のグローバル化を進めましたが、例えば3Dプリンターは世界中で同じモノのプリントアウトを可能にし、モノの輸送を不要にできるので、モノの更なるグローバル化を後押しします。ロボットはある国で人が行っているのと同じ作業を世界中で実現できるようにし、またAIで賢くなった自動翻訳は言葉の壁を取っ払うのでこれらは人のグローバル化を後押しします。

この10年でスマホとソーシャルメディアが私たちの生活を一変させたように、これから本番を迎える第4次産業革命は、これからの10年、20年で私たちの仕事や雇用に大変革を起こす可能性が大きいのです。

グローバル化とデジタル化は格差を拡大する

ところで、そもそもグローバル化とデジタル化という構造変化が進むと、経済や社会にはどのような影響が生じるでしょうか。もちろん、資源の効率配分や生産性の上昇を通じて経済成長率を高めるといったメリットも大きいのですが、同時に格差を拡大させるというネガティブな影響が大きいのも事実です。

それは当たり前のことと言わざるを得ません。先進国にとってグローバル化のメリットは、新興国の安価な労働力や旺盛な需要にアクセスできることです。そして、デジタル化のメリットはビジネスのあらゆるプロセスを効率化し、かつては大資本が必要だった製造や流通などのプロセスにも個人レベルで参入可能となったことです。

従って、それらのメリットをフルに活用できる人、具体的にはそれらを使った新しいビジネスのアイディアを構築して実行できるクリエイティブで優秀な頭脳を持った人や、それらのアイディアに投資できる資本を持っている人は、加速度的にどんどん儲かることになります。

それに対して、グローバル化やデジタル化で代替できる仕事をしている人たちの雇用や収入は減少することになります。実際、先進国での工場の仕事は、まず人件費が安い新興国の労働者、そして今や人間より圧倒的に生産性の高いロボットにどんどん置き換えられています。また、経理や総務などオフィスでの定型的な仕事も、新興国にアウトソースされるか、ソフトウエアやクラウドサービスにどんどん置き換えられています。

これらの雇用は先進国では中流階級の仕事ですので、グローバル化とデジタル化が進む中では、中流階級の仕事ほど新興国や機械に置き換えられる可能性が高く、優秀な頭脳や資本家といった富裕層の人ほど更に収入が増えるので、格差はどんどん拡大することになります。

米国では1980年代から既に所得格差が拡大していたのに加え、2008年のリーマンショック以降それが更に拡大しましたが、その最大の原因はグローバル化とデジタル化の進展だと主張する米国の識者はかなりいます。

実際、米国でリーマンショック以降もっとも減少した雇用は工場労働やオフィスワークといった中間層の仕事であるのに対して、もっとも増加した雇用はレストランや小売・流通など低賃金の仕事、次いで増えたのは建築・金融・法律・コンサルなどの高賃金の仕事でした。

ヨーロッパでも状況はほぼ同じであり、かつ欧米に共通して、低賃金の仕事ほど移民がその担い手となっているという現実があります。

だからこそ、2016年に英国のEU離脱、米国でトランプ大統領の登場、2017年にはEUの幾つかの国の総選挙で既存の二大政党が敗北し、移民の抑制など自国民の利益を強調する新たな政党が勝利するという政治の大きな変化が起きたと言えます。

グローバル化とデジタル化という構造変化は社会の進化の一形態ですので、資本主義や民主主義のあり方にも大きな変化を迫ります。社会の進化のしわ寄せを受ける層の被害を最小限に抑えつつ、進化のメリットを社会が最大限享受するには、古い制度（社会保障、教育など）を社会の進化に適応した形に進化（改革）させ、被害を受ける弱者を守らなければならないのです。

しかし、現実には、これらの欧米の国では改革が進まなかったために、社会の中核をなす中流階級の怒りが爆発して、自分たちを守らない既存の政党にノーを突きつけたと言えるのです。即ち、これらの動きは単なる反グローバリズムのポピュリズムではなく、改革の遅れに対する国民の怒りの結果、民主主義が正常に機能した結果であると解釈できます。

デジタル化が雇用にもたらす影響

それでは、グローバル化とデジタル化のどちらが雇用に対してより大きな悪影響を与えるでしょうか。定量的な分析はありませんが、この10年でデジタル技術の進歩のペースが一気に速まったことを考えると、これからはデジタル化の影響の方が圧倒的に大きいと考えられます。

例えばトランプ大統領は、グローバル化によって米国内の工場が新興国に移転し、中国などから安い輸入品が大量に流入したために、白人の中流階級の生活を支えてきた製造業の雇用が失われたと主張しています。

しかし、現実には、米国の製造業の国内生産量は2000〜2015年の間に80％も増加しています。それなのに、製造業の国内での雇用は30％も減少しました。この数字から、米国の製造業は工場の海外移転と並行して国内の工場の生産性を大幅に高めたことが分かりますが、それを可能としたのはロボットなどのデジタル技術です。米国での過去15年の製造業での雇用の減少には、デジタル化も大きく影響しているのです。

実際、米国のみならず先進国の最先端の工場では、既に働く人の数が非常に少なくなっています。組立工程は主にロボットが担い、人間は技術者やデザイナーなど少数の高所得の人だけです。

こうした現実があるからこそ、オバマ前大統領は2017年1月の大統領退任前の最後の演説で、「次の経済的な苦境は海外からはやって来ない。そうではなく、急速に進む自動化が中流階級の仕事を時代遅れにする形でもたらされるだろう」と予言しています。これからが第4次産業革命の本番であることを考えると、この予言が的中する可能性は高いのではないでしょうか。

既にデジタルは人間の仕事への侵食の範囲を拡大しています。ちょっと前までは、デジタルが代替するのは、工場労働やオフィスワークといった定型的な仕事、仕事の内容をソフトウェアで描けるルーチン的な仕事がメインでした。しかし、今や弁護士事務所での過去の判例チェックや資産運用のアドバイスといった専門性の高い仕事までAIなどのデジタルが行うようになっています。また、工場のみならず物流拠点や介護施設などでもロボットが活用され、お店のレジが無人化され、カフェなどの注文でタブレットが活用されるなど、かつてはデジタル化が困難と思われていた肉体労働の分野にもデジタルがどんどん入り込んでいます。

第4次産業革命はこれからが本番であることを考えると、これからの10年、20年の間にデジタル化は雇用や仕事にもっと凄まじい影響をもたらす可能性が大きいのです。

実際に、例えば2016年12月に米国のホワイトハウスが「自動化・AIと経済」というタイトルのレポートを発表しましたが、そこでは、米国の雇用の9～47％が自動化やAIの普及によって影響を受ける可能性があると指摘しています。

また、民間でも、コンサルティング会社マッキンゼーが2016年7月に発表したレポートでは、将来的には米国人の仕事の51％がデジタルに取って代わられる可能性が極めて高く、28％の仕事はそうなるリスクがあり、デジタルに取って代わられるリスクのない仕事は21％しかないと指摘されています。

もちろん、そこまで悲観的な見方ばかりではなく、マッキンゼーのシンクタンクであるマッキンゼー・グローバル・インスティテュートが2017年1月に発表したレポートは、労働者が仕事に費やしている時間の49％がデジタル技術によって自動化することが可能だが、近い将来にデジタルに完全に奪われる仕事は全体の5％だろうと予測しています。

同様に、国際機関のOECDが2016年に発表したレポートでも、21の加盟国（先進国）全体の平均で、将来的に9％の仕事がデジタルに取って代わられる可能性があると指摘しています。

ただ、数字の多寡はともかくとして、これらの予想からも、多くの仕事や雇用にある程度大きな影響が生じるのは確実と言えるでしょう。

ちなみに、こうした動きを受けて、雑誌や書籍で〝将来なくなる仕事〟のリストなるものが大々的に喧伝《けんでん》されることがよくありますが、こういう予想ものは真面目に取り合わない方がいいと思います。

それらはあくまで技術的な側面から見た可能性の議論だけで、実際には、ロボットやAIなどの導入には多額のコストがかかりますし、安定的な雇用関係を乱すことにもなるので、日本では多くの企業が逡巡《しゅんじゅん》するだろうから、実現には想定よりもっと長い時間がかかるはずです。

ただ、方向性が正しいのは事実なので、健全な危機意識を持ちつつ、それらの予想が実現した場合でも自分が困らないようにするにはどうすべきかを常に意識することは必要です。

第4次産業革命の時代を生き延びるために必要なスキル

ところで、欧米と比較して、日本はまだグローバル化・デジタル化の深刻な影響を受けるまでに至っていません。その原因は、日本ではグローバル化とデジタル化の浸透が欧米よりかなり遅れているからに他なりません。

ただ、グローバル化ももちろんですが、政府は日本経済の最大のボトルネックとなっている人材不足を補完するとともに、最大の課題である生産性の向上を実現するために、これから日本でも第4次産業革命をどんどん進めようとしています。

従って、日本でも将来的には第4次産業革命の進展が雇用に大きな悪影響を及ぼすと考えられます。それでは、働く人が第4次産業革命によって受ける悪影響を最小限にとどめ、長く働き続けられるようにするにはどうすればいいのでしょうか。

もちろん、そのためには政府が第4次産業革命という社会の進化に対応して、そのしわ寄せで仕事を失った人も困らないよう制度を進化させる、すなわち改革を進めることが必要です。詳細は説明しませんが、給付付き税額控除、ベーシックインカム、ロボット税といった新たな手段の導入も含めた所得再分配の強化、政府が提供する職業訓練の機会の充実などが必要となります。

ただ、それらの政府の対応が実現するにはすごく時間がかかります。従って、政府の対応に期待するよりも、少なくとも自分は第4次産業革命のしわ寄せを受けなくて済むよう、働く人の側が自発的にAIロボットの時代になっても必要とされるスキルを身につける、つまりスキルアップを頑張るようにすべきです。

そのスキルとは、一言で言えば、人間にできて機械やデジタルにはできないことになります。具体的にどのようなスキルが該当するでしょうか。米国での学者や識者の議論をフォローしていると、幾つかのキーワードが出てきます。もっとも頻繁に言及されるキーワードは〝クリエイティビティ〟です。

AIなどの機械やデジタルにはできないけれど人間はできる大事な能力の一つが抽象化です。例えば子どもが描く地図は、自分の目で見える範囲を感覚的・主観的に描写したざっくりしたものになりますが、大人が描く地図は、地形や地点間の距離など必要な情報を抽象的・客観的に描写した正確なものとなります。石器時代の原始人が描いた地図は子どもの地図とほぼ同じなので、人間は歴史を経る中で徐々に地形や自然を抽象化する能力を身につけたと言えます。

それに対して、AIには発想力がないので、物事を抽象化したり、様々な事象に共通する抽象的概念を見つけ出すといったことは苦手です。

物事の抽象化を通じて新しいコンセプトやビジョンを作り出すという行為は、今までにない新たなものを生み出すために不可欠な、非常にクリエイティブなプロセスなのですが、AIよりも人間の方が圧倒的に得意なのです。

また、ＡＩは与えられた問題についてのベストな解決策を膨大なデータを分析して見つけ出すことは得意ですが、問題自体を設定することは得意ではありません。クリエイティブな解決策を生み出すためには、ステレオタイプな問題設定よりも、多くの人や機械が気づかないユニークな視点で問題を設定することが必要となりますが、こうした行為も人間の方が得意なのです。

即ち、抽象化や問題設定といった能力がベースとなるクリエイティビティを強化することは、機械やデジタルにできない人間の大事な強みになります。

次に多く言及されているキーワードは〝ホスピタリティ〟です。介護や看護が典型で、人間が介護をしていれば、例えば認知症で十分にコミュニケーションできない高齢者であっても、同じ体勢でずっと寝ていると床ずれで体が痛くなるだろうと考え、定期的に体勢を変えてあげられます。これは、同じ身体を持つので想像力が働いたからであり、また気遣いや共感ができるからです。または、認知症の高齢者と辛抱強くコミュニケーションをしてどこが痛いかを発見した結果かもしれません。

こうしたことはＡＩやロボットにはできません。膨大なデータを分析するだけでは、個々人の異なるニーズに十分に応えることはできないからです。それは想像力、気遣い、コミュニケーションといった人間が得意な行為によって可能となるからこそ、それらがベースとなるホスピタリティの強化も、機械にできない人間の強みになるのです。

その他に、〝マネージメント〟というキーワードも散見されます。主に工場や店舗の管理という観点から言及されていますが、突然のトラブルなどの不測の事態や想定外の新しい事態への対応は、柔軟性が必要となるので、機械やデジタルでは無理で人間の関与が不可欠となるのです。

そうした面に限定せず、一般的なマネージメントに必要な能力を考えても、目標設定（問題設定）能力、コミュニケーション能力といった要素が挙げられますが、既に述べたようにこれらはやはり機械より人間の方が得意な能力ばかりです。そう考えると、マネージメントの能力を高めることも、機械にできない人間の強みになると分かります。

ちなみに、もう一つ米国の識者の間でよく言われているのは〝生涯学習〟が必要になるということです。第4次産業革命によって、今後は時が経つにつれて機械に奪われる人間の仕事の範囲が広がっていくだろうから、今は人間しかやれないと思っている仕事でも、将来のどこかで突然機械に奪われるということは起き得ます。つまり、将来突然そうなっても困らないようにするためには、一定のスキルを身につけたからと安心することなく、不断に新たなスキルを身につけてＡＩやロボットの進化の先を行くようにしなければならないのです。

これからの時代にもっとも重要なスキルはクリエイティビティ

以上のように、第4次産業革命が進みつつある中、人間にできて機械やデジタルにできないスキルとしては、クリエイティビティ、ホスピタリティ、マネージメントの三つが大事ですが、個人的にはこれらの中でクリエイティビティの重要性がもっとも高いと思います。その理由として3点指摘できます。

第一に、クリエイティビティは製造業やサービス業、オフィスワークなどあらゆる産業や仕事で必要とされる汎用性が高いスキルです。

それにも拘わらず、クリエイティビティはもっとも身につけにくいスキルでもあります。ホスピタリティについては、〝おもてなしの国〟の日本人は欧米と比べて比較優位を持っています。マネージメントについては、経営学の世界で様々な研究が行われているので、専門書を読めばある程度は学べます。それらに比べて、クリエイティビティは学びにくい面があります。

第二に、第4次産業革命への対応以前の問題として、元々クリエイティビティは仕事をする上で非常に大事なスキルです。

私自身、テレビ番組でたくさんのお笑い芸人の皆さんと共演してよく分かったのですが、本当に面白い芸人さんは、〝お約束〟（その人の定番の持ちネタ）と〝サプライズ〟（番組の流れに合わせてアドリブで笑いを引き出す能力）の両方を兼ね備えています。

これを普通の仕事に置き換えて考えると、〝お約束〟は仕事に必要な知識などの一般的なスキルであるのに対して、〝サプライズ〟はクリエイティビティに該当すると思います。従って、スキルアップの観点からは、〝お約束〟の強化は当然ですが、それに加えて〝サプライズ〟の能力も高めるべきなのです。

ちなみに、クリエイティビティというと、コンサルティングやデザインなど、頭を使う難しそうな仕事の世界だけの話と思われる方もいらっしゃるかもしれませんが、そんなことはまったくありません。

例えば、お店での業務フローの見直しやお客様対応の改善、工場での現場の改善といった取り組みは、クリエイティビティを発揮して新しいやり方を考え出して取り入れることに他なりません。だからこそ、例えばスーパーマーケットなどでは、現場の改善のため良いアイディアを出す非正規社員の人ほど正社員に登用されるという話をよく聞きます。

クリエイティビティは頭脳労働のみならずすべての仕事で役に立つし、また必要とされているのです。

第三に、第2章でイノベーションの重要性を説明しましたが、個人のクリエイティビティこそがイノベーションの源なのです。

クリエイティビティとは〝新しいアイディアを生み出す力〟であり、イノベーションとは、そのアイディアが製品化などを通じて実現された具体的な姿です。クリエイティビティを強化できれば、自分をイノベーションを生み出せる人材に進化させられるので、収入の増加にもつながるし、第4次産業革命が進んでも機械やデジタルに仕事を奪われるのを心配しなくてもよくなります。

クリエイティビティを強化する方法①

それでは、働く人がクリエイティビティを強化するにはどうすればいいでしょうか。明確なやり方があるわけではありませんが、個人的には、イノベーション関連の議論を応用することで、二つのアプローチが可能ではないかと考えています。

一つは経営学の世界のイノベーション理論の応用です。イノベーションの源は個人のクリエイティビティですから、イノベーション理論は参考になるはずです。その一つが〝両利きの経営〟という概念です。

経済学者シュンペーターによれば、イノベーションとは“new combination”、即ち世の中に存在する既存の知識の新しい組み合わせを作ることに他なりません。従って、企業がイノベーションを創出するには、様々な知識の組み合わせを試せるようにすることが重要となります。

そのためには、企業は自分のビジネス領域に関する知識を継続的に深める（〝知の深化〟）と同時に、社員が獲得する知識の範囲を自分のビジネス領域の外に意識して広げる（〝知の探索〟）ことが必要となります。その両方をバランスよく進めることが〝両利きの経営〟なのです。

しかし、実際には企業は、目先の利益を上げるために今のビジネスに関する〝知の深化〟に偏り、手間がかかるし将来の新たな利益に結びつくか分からない〝知の探索〟は怠りがちです。そうなってしまうと、企業はなかなかイノベーションを生み出せなくなります。

従って、イノベーションを創出したい企業は、〝知の深化〟を継続しつつ、〝知の探索〟を進めるのに必要な体制やルールを整備すべきですし、経営トップも自らが〝知の探索〟を怠らないようにすべきであるとされています。

この教えは、企業のイノベーションのみならず個人のクリエイティビティにも当てはまると思います。クリエイティブな発想というのは、まったく違うジャンルでの経験や知識を持ち込んで〝知識の新しい組み合わせ〟を作り出し、常識やステレオタイプな考え方をぶち壊すことで生まれる場合が多いからです。

多くの人が、自分の仕事に関係する知識は常に増やそうとしています。〝知の深化〟は頑張っているのです。ところが、仕事が忙しくて余裕がないのか、個人のレベルで〝知の探索〟も頑張っている人は多くないように見受けられます。それでは、今の仕事をよりうまくこなすことはできても、そこにクリエイティブなアイディアを持ち込んで新しいやり方を作り出すのは難しいと思います。

これに対して、自慢する気はないのですが、私は斬新なアイディアを作り出すのがうまい方だと思います。なぜそうなれたかを考えると、色んな仕事に関わる機会が多く、そこで様々な新しい知識を学ぶことができているからではないかと思います。私が今現在どういう仕事に携わっているかというと、

- 大学で経済やコンテンツ・ビジネスについての研究と教育
- 永田町、霞が関、地方自治体で政策の立案・実行のお手伝い
- エイベックスで音楽ビジネス
- 総合格闘技団体RIZINの運営のお手伝い
- 報道番組からバラエティ番組までテレビ出演
- 海外のヘッジファンドの日本への投資にアドバイス
- 福井県鯖江市で伝統文化（漆）でのイノベーション創出
- 福島県楢葉町と南相馬市で震災復興の支援

と、堅いものから柔らかいものまで両極端の仕事をやっています。ついでに言えば、友人も政治家、官僚、外国人投資家からアーティスト、お笑い芸人、総合格闘家、アニメ・プロデューサー、AV業界関係者、シェフ、ソムリエと非常に幅広く、かつ、好奇心が強くてミーハーなため、関わった仕事や友人からは余計な知識も含め色んなことを聞き出しています。

要は、自分を客観的に見ると、専門の経済ではそれなりに〝知の深化〟をやっているつもりですが、結果的にそれ以上に〝知の探索〟を一生懸命やっているのです。

それが幸いして、例えば政策の議論において総合格闘技で学んだ知識やテレビ出演の経験から斬新なアイディアを出せたこともあるし、音楽の仕事で政策の経験が活きたこともあります。

この自分の経験からは、趣味の世界でも何でもいいので、誰もがもっと意識して自分の仕事以外の多くのことに好奇心を持って関わり、また仕事に関係ない多くの人と積極的に交流するように意識するだけでも、クリエイティビティが徐々に育まれていくのではないかと思います。

クリエイティビティを強化する方法②

もう一つのアプローチは、子どもの教育に関する議論の応用です。デジタル化・グローバル化の時代における子どもの教育のあり方については、世界中で議論されていますが、そこでよく言われるのは、小学生の頃からクリエイティビティを強化すべきということです。

というのは、今の義務教育は先生から教わった知識を記憶する、先生から与えられた問題の正解を探す、という受け身での学習が中心になっているからです。こうした教育は、もちろん基礎的な知識を習得する観点から必要ですし、与えられた仕事をこなすサラリーマンの養成のためには良い仕組みなので、戦後からバブル崩壊までの右肩上がりが続いた時代には合理性がありました。

しかし、そもそも社会に出てからも常に誰かが課題（やるべき仕事）を与えてくれるとは限りません。自分で課題を見つけられるようになることが大事なのです。また、世の中の課題には机上の勉強のように唯一の正解があるということはありません。必ず複数の正解があり、その中でどれを選ぶかという選択が大事になるのです。

特に、グローバル化とデジタル化の進展により社会の変化が激しく先が読みにくくなった今は、そうした能力の強化が必要と言われています。実際、識者の中には、今の日本の義務教育は第4次産業革命で機械やデジタルに置き換えられてしまう仕事をやれる人材を育成しているだけだと断言する人もいます。

このような問題意識の下、欧米の教育関係者の間では、これからの時代は子どもが小学生の頃からクリエイティビティを育むべきであり、そのためには以下の三つの力を育成・強化しなくてはならないとよく言われています。

①何が問題かを自分で発見・設定する力
②その問題に対するクリエイティブな解決策を考える力
③問題解決は個人ではできないので、チームで行うために必要なコミュニケーション能力

こうした新たな教育の方向性は、大人がクリエイティビティを高めるためにも使えるのではないかと思います。この三つの力のうち、問題発見能力とクリエイティブな問題解決能力というのは、まさに個人のクリエイティビティそのものだからです。ちなみに、コミュニケーション能力はクリエイティビティを具体的なイノベーションにつなげる力となります

それでは、こうした議論を応用して自分のクリエイティビティを高めるにはどうすればいいでしょうか。個人的にお勧めなのは「なぜ?」と呪文のように繰り返すようにすることです。

問題発見能力を高めるのに有効なのは、トヨタの工場で行われた〝カイゼン〟の取り組み、つまり問題事象の原因を究明するやり方の真似《まね》をすることです。仕事のやり方、上司から言われたことなどあらゆる事象について、「なぜ?」という疑問を5回ぶつけるのです。

例えば、何か問題が起きた場合、最初の「なぜ?」でその一次的(表層的)な原因を見つけ

られますが、それが起きた原因があるはずなので、2回目の「なぜ?」でそれを探るのです。この「なぜ?」を5回繰り返せば、問題の真の原因に辿り着くというのがトヨタ方式のアプローチです。このトレーニングは、物事のもっとも本質的な問題点を発見する能力の向上に役立ちます。

例えば「夜ご飯にラーメンでも食べたいなあ」と思ったときに、「なぜラーメンを食べたいと思ったのか?」から始めて自分の欲求の根源を深掘りするのでも十分な練習になります。上司から与えられた仕事や判断を、疑問も感じずにそのまま受けるのに慣れてしまっている人ほど、ぜひやってみてほしいと思います。

余談ではありますが、私は7歳の長男に対してこの「なぜ?」攻撃をよくやっています。これを繰り返していると、7歳の子どもなりに物事を多角的に捉えて、ロジックを考えるようになるので、家庭での子どもの教育にも有効ではないかと思います。「子どもが理屈っぽくなってウザい」と妻から怒られるという欠点もありますが。

以上の他に、問題発見能力やクリエイティブな問題解決能力を高めるには、デザイン・シンキングのアプローチをマスターすることなども有効です。ぜひ色々なアプローチにトライして、自分のクリエイティビティを意識して高めるようにしてほしいと思います。

第5章
資産運用の力を身につけよう

第1節　資産運用なくして将来の安心なし

家の資産にも働かせることが必要

前章ではいかに自分の稼ぐ力を強化して将来の収入を増やしていくかについて説明してきましたが、スキルアップに取り組めば将来不安が払拭できるかというと、それだけでは不十分です。やはり収入は景気の良し悪しの影響を受けるので、スキルアップしたからといって、それに比例して収入が確実に増えていくとは限らないからです。

それ以上に悩ましいのは、第3章で述べたような社会保障と財政再建の現実を考えると、いずれ必ず社会保障制度の抜本改革が行われ、将来私たちが享受する社会保障の水準は大きく低下する可能性が高いことです。特に、若い世代が将来受け取れる年金支給額は今よりも2割以上下がっていておかしくないと思います。

人生90年時代に入りつつある今の日本で、いずれこうした厳しい状況になる可能性が決して低くないことを考えると、将来に向けた備えは早い段階からやっておく必要があります。将来もらえる年金の減少分も自分で補う必要がありますし、長い老後のために必要な貯蓄もしなければなりません。

すごくシンプルに言えば、将来は間違いなく政府が私たち国民を守ってくれる度合いは下がらざるを得ないのだから、自分や家族の身は自分で守るという、明治時代の頃までは当たり前だった精神を取り戻す必要があるのです。

そう考えると、自分の収入を増やすだけでは不十分かもしれないからこそ、私はできるだけ多くの人が資産運用を始めるべきと考えています。

というのは、家計の収入や貯蓄を増やして今の生活不安や将来不安を減らすために世の人はみんな頑張って働いていますが、ファミリー世帯ならば働けるのはお父さんとお母さんだけでしょうか。単身世帯なら自分一人しか働けないでしょうか。

もう一つ貴重な戦力があります。それは家にあるお金、資産です。超低金利の今は、お金はタンス預金で家の中で眠っていたり銀行に預けているだけでは何も稼ぎませんが、外で汗をかいて働かせれば運用益という収入を稼ぐことができるので、家計の収入の合計は増えるのです。それが資産運用に他なりません。

そう考えると、人間のみならず家計総動員で稼ぎ、家計の全体としての生産性を高めるためには、人間の労働に頼るだけではなく、資産運用を行って家の資産にも働かせて稼がせるべきなのです。

資産運用によって生じる大きな差

実際、家のお金に汗をかいて働かせるかどうか、即ち資産運用を行うかどうかによって、長期的には家計の資産に大きな差が出ます。例えば手元に３００万円の現金があるとしましょう。これをタンス預金か銀行に預けているだけだと、現在の低金利では利息はほとんどつかないに等しいので、基本的には10年後も20年後も３００万円のままです。

これに対して、例えばこの３００万円を投資して、例えば毎年３％の運用益を得ることを目標に資産運用した場合、この３００万円は10年後には、

３００万×1^{10}・０３＝約４０３万円

に、また20年後には、

３００万×1^{20}・０３＝約５４２万円

にまで増えます。

３％の運用益というのは、１９８０年頃の銀行の定期預金の金利とほぼ同じ水準です。つま

り、そこまで欲張った高い目標ではありません。それでも、10年、20年という長期間にわたってその水準での運用を行えれば、何も資産運用をしない場合と比べてこれだけの差が出るのです。

ちなみに、正確に言えば、デフレを脱却してインフレになった場合、現金で持っているとその将来の価値は目減りしてしまいます。

例えば日銀が目標としている物価上昇率２％が実現した場合を考えてみましょう。この場合、今日１００円で買える品物の値段は1年後には１０２円に上がります。一方で、今日持っている１００円という現金は1年後も１００円のままなので、1年後にはその品物を買えなくなってしまいます。つまり、インフレ下では現金の実質的な価値は時間が経つと目減りしてしまうのです。

例えば、物価上昇率２％の下で３００万円を現金のまま持ち続けると、その実質的な価値は10年後には、

３００万×（１００／１０２）^{10}＝約２４６万円

に、そして20年後にはなんと、

$$300万 \times \left(\frac{100}{102}\right)^{20} = 約202万円$$

にまで減少してしまいます。

つまり、デフレを脱却してインフレになった後は、物価の影響を受けない実物資産は別として、金融資産については少なくとも物価上昇率を超える利回りで（物価上昇率が2％ならそれ以上の利回りで）資産運用をしておかないと、資産の実質的な価値が減ってしまうのです。

これらの数字からも、資産運用をするのとしないのとでは、長期的にはすごく大きな差が生じることが分かっていただけるのではないでしょうか。だからこそ、なるべく早めに若いうちから資産運用を行うようにすることが大事なのです。

日本人の金融行動は国際的に特殊

ちなみに、こうした当たり前のことを強調しないといけないくらいに、日本人の金融行動は国際的に見て特殊であるという現実も理解しておく必要があると思います。

まず、日本の個人金融資産の総額は2017年第1四半期の時点で1809兆円と米国に次ぐ世界第2位の規模となっていますが、そのうち現金・預金の割合は52％となっています。超

図5-1　日米欧の家計の金融資産構成比率（2017年第1四半期）

	日本	米国	ユーロ圏
現金・預金	51.5%	13.4%	33.2%
債券	1.4%	5.6%	3.2%
投資信託	5.4%	11.0%	9.2%
株式	10.0%	35.8%	18.2%
保険・年金	28.8%	31.2%	34.0%
その他	2.9%	2.9%	2.3%

出典：「資金循環の日米欧比較」（日本銀行、2017年）

低金利で銀行に預金してもほとんど金利収入が見込めないことを考えると、個人金融資産の半分強が現金のまま働かずに眠っているのです。

これがどれだけ特殊か、国際比較してみると、図5-1のように、個人金融資産に占める現金・預金の割合は米国が13%、ユーロ圏の平均が33%となっています。日本だけ圧倒的に高いのです。

しかも、資産運用に占める金融投資（株式、投資信託、債券）の割合を見ると、米国は52%、ユーロ圏は30%であるのに対して、日本はわずか17%です。米国は金融投資に偏り過ぎていてこれもちょっと特殊ですが、ユーロ圏の人でも日本人の２倍弱を金融投資に回しているのです。

ちなみに、なぜ日本人の金融行動は現金偏重主義なのかを考えると、日本人はギャンブルが嫌いなので金融投資もやらないという主張もありますが、これは間違っています。ギャンブルが嫌いな国にこれだけたくさんパチンコ屋があるはずはありません。

その他に、多くの日本人は多額の住宅ローンを背負っていて、住宅購入が大きな投資になっているとも言われます。また、日本では欧米と比べて金融教育が遅れているという指摘もあります。実際、例えば米国では小学生の頃から投資とは何かという教育が行われています。

これらの理由は正しいと思いますが、それに加え、何かあったら政府が守ってくれるという安心感がこれまで国民の側にあったことも影響しているのではないでしょうか。

日本では1961年に国民皆年金と国民皆保険が実現しました。米国で国民皆保険（オバマケア）が実現したのがほんの数年前で、しかもそれがトランプ政権の下で覆されつつあることを考えると、日本ではかなり早くから政府が国民を守る仕組みが確立されていたと言えます。ただ、逆に言えば、老後は政府の社会保障で安心と思うと、老後に向けて自分で備えるインセンティブは低下するはずです。

国民皆年金や国民皆保険は素晴らしい仕組みではありますが、第3章で述べたように、社会保障制度と財政の持続性の観点からは、政府が提供する社会保障サービスの水準は将来的に低下せざるを得ません。

即ち、個人金融資産の半分強を現金・預金のまま眠らせておく余裕はもう日本にはないので、若い人ほど早めに資産運用を始めるべきなのです。

政府の中で金融行政を所管する金融庁は、これまでずっと「貯蓄から投資へ」という言葉を使っていましたが、最近になって「貯蓄から資産形成へ」と変えました。〝投資〟という言葉はリスクを想起させるので〝資産形成〟という優しい言葉に換えたのでしょうが、深読みすると、社会保障で政府が国民を守れる度合いが将来的には低下するから、それに備えて早めに資産形成しろと親切心で伝えようとしているのかもしれません。

今の日本では、既に多くの資産を持っていたり十分な年金を受給している恵まれた高齢者ほど資産運用を行っている一方で、所得が少ない若年層やファミリー層ほど資産運用を行っている人が少ないという現実があります。

しかし、勝ち逃げ組の高齢の富裕層が資産運用をやっているだけでは、日本全体としての安心は高まりません。余裕がない、縁がなかったなどの理由で金融投資をやったことがない若年層ほど、自分や家族の身を自分で守れるようにするためにも、資産運用の力を身につける必要があるのです。

ちなみに、資産運用の力を身につけるのも前章で述べたスキルアップの一つになりますが、このスキルには大きなメリットがあります。それは、長生きの時代に高齢になっても長く稼げる手段の選択肢が増えるということです。資産運用に年齢制限はありません。高齢になって労働という形で稼ぐのが難しくなっても、資産運用で稼ぎ続けることは可能なのです。

第2節　資産運用で初心者が意識すべき三つのポイント

それでは、資産運用はどのようにやればいいのでしょうか。と言うと、具体的な投資の手法とかデータの分析方法などの実践的な知識を期待される方もいらっしゃるかもしれません。しかし、それらについて書き出すとそれだけで一冊の本になってしまいますし、そもそも資産運用について詳しく説明することが本書の目的ではないので、ここでは詳細な方法は書きません。本屋に行けば、入門書からかなり専門的な本まで、多種多様な資産運用の本や雑誌が出版されていますので、それらを読んでもらえればと思います。

ここでは、そうした具体的、実践的な知識よりも、これまで資産運用をやったことがなくてこれから始めようと考えている初心者の方向けに、最低限の入門的なアドバイスを書いておこうと思いますが、個人的には以下の三つのポイントが大事ではないかと思っています。

①税制優遇を目一杯活用する

②〝守りの投資〟を意識する

③正しいやり方で経済と金融の知識を身につける

以下、それぞれのポイントについて説明します。

①税制優遇を目一杯活用する

三つの税制優遇措置を持つiDeCo

これから資産運用を始めようと考えている初心者の方にまず意識してもらいたいのは、資産運用に関して政府が提供している税制優遇措置は十二分に活用すべきということです。

資産運用とは自分のおカネを使って投資することに他なりませんから、当然ながら常にリスクが存在します。株式投資で言えば、株価は常に変動しますので、株価が大きく上がって利益を得られる場合もあれば、大きく下がって損失を被る場合もあります。投資のリターンは常に変動し、利益も保証されていないのです。

その一方で、投資による利益には税金がかかりますが、税制優遇措置はその税金を安くしてネット（税引後）の投資利益を増やしてくれます。かつ、常に変動する投資のリターンと違って、税制優遇措置は変動しない確定的なメリットです。

つまり、税制優遇措置は資産運用の安全度をある程度高めてくれる効果を持っていると言えるので、特に初心者の人ほど、資産運用を始めるに当たっては税制優遇措置をフルに活用すべきなのです。

この税制優遇措置の観点から資産運用の手段としてまず利用すべきは、個人型確定拠出年金（iDeCo）です。iDeCoは、毎月決まった金額の掛け金を積み立て、対象商品（投資信託）の中から投資先を自分で選んでその資金を運用するという、自分で老後の資金を準備するための制度ですが、iDeCoには三つの大きな税制優遇措置が講じられています。

第一に、iDeCoに毎月払う掛け金の全額が所得控除の対象になります。つまり、掛け金の合計額が課税対象となる所得から控除されるので、その分所得税・住民税が安くなるのです。

第二に、iDeCoでの運用益が非課税になります。通常の金融投資なら、運用益には約20%もの税金がかかりますが、iDeCoでの運用益にはかからないのです。

第三は、iDeCoで増やした資産を将来受け取るときの税制優遇です。年金形式で受け取るときは公的年金等控除が適用され、64歳までは70万円、65歳以上は120万円まで税金がかかりません。また、一時金として受け取る場合は、退職所得控除が適用され、これも本来は受け取った際に払わなければならない税金が大幅に軽減されています。

もちろん、iDeCoには、掛け金の上限額がある（自営業者か会社員か専業主婦かによって異なる)、将来に備える制度なので原則60歳まで引き出せない、などの制約もあります。それでも、これだけの税制優遇措置が用意された投資手段は他にないことを考えると、iDeCoは資産運用の最初の一歩として最適なはずです。

NISAとつみたてNISA

税制優遇措置の観点からiDeCoに次いで活用すべきは、〝NISA〟か〝つみたてNISA〟です。

NISAとは少額投資非課税制度のことで、年間120万円までが5年間、合計600万円までの株や投資信託などへの投資について、運用益や配当金が非課税となる制度です。

一方、つみたてNISAとは、2018年から始まった新たな少額非課税制度のことで、NISAと同様に投資による運用益や配当金が非課税になりますが、非課税投資枠が年間40万円で投資期間が最長20年となっていて、少額の投資を毎年コツコツと繰り返して長期での資産形成を目指す人向きの制度となっています。

ちなみに、NISAを使って投資できる商品は幅広く、株式、投資信託、ETF、REITに投資できます。それに対して、つみたてNISAの投資対象は、長期・積立・分散投資に適した投資信託、ETFとして金融機関から金融庁に届け出たものに限定されています。

つまり、つみたてＮＩＳＡの投資対象の選択の幅はＮＩＳＡより狭くなっています。しかし、逆に言えば信託報酬が安く販売手数料がゼロであり、信託期間が長期間にわたるなど、長期・積立・分散投資にふさわしい金融商品として金融庁がお墨付きを与えたものばかりになっているのです。

なお、ＮＩＳＡとつみたてＮＩＳＡの併用はできないので、利用するときはどちらか一つを選ぶことが必要になります。

ところで、資産運用全体として考えますと、もちろん他にも税制優遇措置はあります。例えば、不動産投資については、時限的に税制優遇措置が設けられることがあります。また、不動産投資には節税対策や相続税対策として有効な面もあります。

ただ、資産運用の初心者が最初から不動産投資をやるというのは想定できませんので、税制優遇措置をフルに活用するという観点からは、初心者はｉＤｅＣｏ、ＮＩＳＡ、つみたてＮＩＳＡを覚えておけば十分と思います。具体的にこれらに投資する際の優先順位については、後ほど説明します。

投資では手数料の安さも重要

そして、資産運用を始めるに当たって、税制優遇措置と同じくらいに意識してほしいのは、

図5-2　規模の大きい投資信託の日米比較（純資産額上位5商品）

	規模（純資産）の平均（兆円）	販売手数料	信託報酬（年率）	収益率（年率）
		平均（税抜き）		過去10年平均
日本	1.1	3.20%	1.53%	▲0.11%
米国	22.6	0.59%	0.28%	5.20%

出典：金融庁

投資にかかる〝手数料〟です。

資産運用の初心者が最初に投資をするときは、個別の企業の株式よりも、金融のプロが選んだ有望株を組み合わせた投資信託や平均株価などに連動するＥＴＦを選ぶのが現実的と思います。

ただ、世の中には凄まじい数と種類の投資信託やＥＴＦがありますが、その信託報酬（運用会社が受け取る運用に関わる報酬）の水準にはかなりの違いがあります。同様に、その販売手数料にもかなりの差があります。

ちなみに、図5－2からも分かるように、日本の投資信託などの信託報酬や手数料の水準は、米国と比べてかなり高いのが現実です。銀行が投資信託や保険商品などを窓口で販売する場合も、これまでかなり高額の手数料を課していたため、金融庁が注意したくらいです。

信託報酬や手数料は投資の利益から引かれるので、確定的な損になります。高い信託報酬や手数料の投資信託などに投資したら、当然ながら最終利益も減ることになります。

従って、投資信託などの金融商品を選ぶときには、他の同種のものと比較して手数料が高くないかと常に意識することは、税制優遇措置と同様に非常に重要なのです。

ちなみに、つみたてＮＩＳＡの投資対象に選ばれている投資信託やＥＴＦは、金融庁の意向により、信託報酬には上限が設けられ、また販売手数料はゼロであるなど、長期・積立・分散投資をするのにふさわしい金融商品ばかりが選ばれているので、信託報酬や販売手数料の観点からは、もっとも安心できると言えます。

逆に言えば、つみたてＮＩＳＡ以外については、信託報酬や販売手数料の水準を自分でしっかりと調べて比較検討するのを忘れないようにしなくてはなりません。

②〝守りの投資〟を意識する

長期・分散投資の勧め

これから資産運用を始める人が次に意識してほしいのは、〝守りの投資〟をするということです。

私の趣味の一つはＮＢＡ（米国のプロバスケットボール）観戦なのですが、ＮＢＡの試合を見ていると、オフェンスが強いだけのチームは意外となかなか勝てず、むしろディフェンスがしっかりしているチームの方が強くて、毎年リーグで上位に入るのは、しっかりとしたディフェンスがベースとなっていてオフェンスも強いチームです。

そして、私が趣味と仕事で関わっている総合格闘技（MMA：Mixed Martial Arts）も同じで、やはりディフェンスがしっかりした選手の試合ほど安心して見られます。

サッカーなど他のスポーツも同じです。オフェンス、つまり攻めが毎回うまく行くはずがないからこそ、ディフェンス、つまり守りがしっかりしていることが勝つために不可欠なのです。

資産運用もまったく同じだと思います。自分の大事なお金をリスクのある世界に投じるのですから、まずは〝守りの投資〟をしっかりすることが最優先で、それが万全になった段階で、個人的な目標などに応じて〝攻めの投資〟も交えるくらいの慎重な姿勢の方がいいと思っています。

それでは、〝守りの投資〟とは具体的には何をすれば良いのでしょうか。最初にすべきは、〝長期・分散投資〟だと思います。

〝長期投資〟とは、少額でいいから地道に毎月投資するのを長期的に継続する、積み立て投資のことです。株価は常に変動しますので、あるタイミングで一括投資してしまうと、その後株価が上がり続けたら大きな利益を手にできますが、逆に株価が下がり続けたら大きな損を被ることになります。

それと比べると、長期の積み立て投資なら、株価が下がったタイミングでも投資をするので、株価が上がり続けているときは一括投資よりも利益は少ないものの、株価が下がり続けるときは逆に一括投資よりも利益が多くなります。また、株価の変動が激しい場合でも手堅い利益を上げることができます。

実際、証券会社の試算を見ると、日経平均株価が最高値を付けた1989年末に日経平均に連動した投資信託に一括投資したとすると、今も日経平均株価は最高値よりかなり低いために利益はマイナスとなりますが、1989年末から毎月積み立て投資をした場合は、25年間の累積で数十%のリターンを獲得できているとのことです。

次に、〝分散投資〟とは、株や債券など複数の種類の金融商品、日本だけでなく米国など複数の国の金融商品、と投資先をできるだけ分散・多様化することです。特定の国や特定の産業の株式に多額の資金を注ぎ込むと、その特定の国や産業の景気が悪くなったら、大きな損を被りかねません。逆に投資先を分散していれば、投資先のすべての国の産業の景気が同時に悪くなるということはあまり起きないので、投資のリスクを大きく減少できることになります。

かつ、私たち日本人は日本のことを一番よく知っているので、どうしても日本国内の株や債券に投資を集中しがちですが、株価など金融商品のパフォーマンスは基本的にその国の経済成

図5-3　長期・積立・分散投資の効果

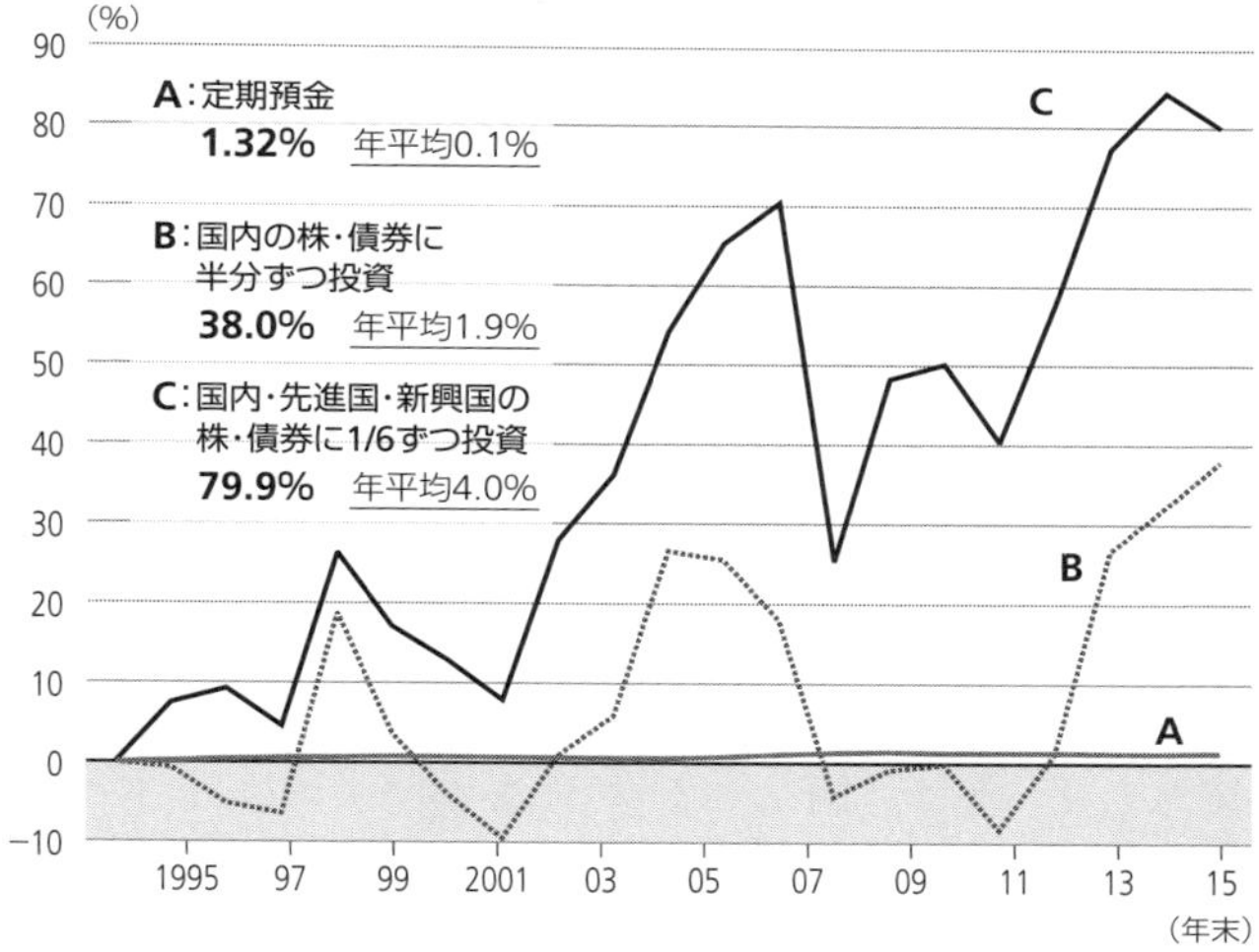

出典：金融庁

長の度合いに連動することを考えると、やはり海外の株や債券への分散投資を通じて海外の成長の果実を取り込むことは、投資のリターンを高める観点からも重要です。

例えば、過去20年間で米国の名目ＧＤＰは１３５％も成長して２・３倍に増えたのに対して、日本の名目ＧＤＰはわずか３・５％しか成長していません。その差を反映して、米国のダウ平均株価はその20年で３・４倍になったのに対して、日本の日経平均株価は逆に４％下がってしまっています。

だからこそ、実際に図5-3のように、過去20年で日本国内の株と債券だけに投資した場合のリターンは年率１・９％であったのに対して、国内・先進国・新興国の株と債券に分散投資した場合はリターンが年率4%に高まっています。

ちなみに、長期投資、すなわち長期にわたる積み立て投資は、時間の観点から分散投資を行うことに他なりません。そう考えると、長期・分散投資を徹底することは、資産運用のリスクを極力下げるためにベストの方法であると言えると思います。

年率3%のリターンという現実的な目標

それでは、長期・分散投資をする際に、どれくらいのリターン、つまり利回りを目標とすべきでしょうか。私は、無理をしなくても実現可能な保守的な利回りの目標を設定すべきと考えており、年率3%のリターンを実現するという目標が一番良いのではないかと思っています。

例えば投資のプロであるヘッジファンドでは、年率20%とか30%という高いリターンを実現しているところがたくさんあります。個人投資家でも同様に高いリターンを実現して大儲けした人はいます。

そういう景気の良い話を聞くと、投資に関心がある人ほど、自分も同じように投資で大儲けしたいと思うのはやむを得ませんが、そうした一部の成功者の陰で、おそらくその何百倍、何千倍にも及ぶ数の大損をした投資家もいるはずであることを忘れてはいけません。

実際、私の知り合いにもそういう悲惨な目にあった人がいます。アベノミクスで株価が既にかなり上昇した後の2015年前半に、まだ株価は上がり続けるという証券会社の言葉を信じて、推薦される銘柄に多額の投資を続けました。また、知り合いから儲かると聞いて、平均株価の2倍の値動きをするリスクの高いETFにも多額の投資をしました。しかも、それらの多くを信用取引（証券会社からお金を借りて行う投資）で行っていました。株価は上がり続けるという言葉を信じて、攻めの投資をしまくっていたのです。すると、2015年夏に中国でバブルが崩壊して日本の株価も大きく下落し、数千万円の含み損を背負うことになってしまいました。

大きく儲けよう、年率30％のリターンを獲得するんだなどと意気込んでしまうと、この人のような大失敗につながりかねません。

それに対して、例えば年率3％のリターンを目指すなら、無理をしてリスクの大きい投資をする必要はまったくありません。実際、証券会社のデータを見ると分かりますが、例えば設定から3年以上経った投資信託の過去3年の年率リターンを調べると、過半数が年率3％以上の利回りを確保しています。

かつ、年率3％のリターンというと控えめ過ぎて大したことはないように思われるかもしれませんが、それを毎年続ければ、複利効果によって投資した金額が15年で1・5倍に、24年で2倍に増えます。

ちなみに、それならば年率5％のリターンを目指すのもそんなに変わらないのでは、と思われる方もいるかもしれません。しかし、実際には5％のリターンを毎年続けるのは結構大変です。個人的には、3％を毎年達成するのを目標とするのが、特に資産運用の初心者には現実的ではないかと思います。

iDeCoとつみたてNISAはフル活用しよう

以上から、〝守りの投資〟をするという観点からは、年率3％のリターンを目標にした長期・分散投資をするのがベストという結論になりますが、それではその方針の下で資産運用の初心者は具体的にどのように投資を始めるべきでしょうか。

第一に、金融商品については、最初から個別の企業の株に投資するのは避けた方がいいと思います。個別の企業の株に投資しようと思ったら、その企業の財務データを理解する、その企業のビジネスを評価するなど、ある程度専門的な知識が必要になるからです。

それよりも、最初は金融のプロが優良な株式や債券などを使って組成した投資信託やETFに投資をするのが、初心者には取っつきやすいと思います。

ただ、投資信託やETFはすごく多くの種類がありますので、そこからいかに自分に合った良い金融商品の組み合わせ（ポートフォリオ）を作るかが一番大事です。

投資信託は、ざっくり言えば国内の株式・債券、先進国の株式・債券、新興国の株式・債券の6種類になりますので、まずその中から自分に合ったリスクとリターンの組み合わせを作りましょう。証券会社などのホームページには、投資額や将来の目標金額などから最適な組み合わせを計算してくれるツールがあります。

次に、その組み合わせに基づいて具体的な投資信託などの商品を選ぶのですが、その際には、手数料が高くないか、過去のパフォーマンスはどうか、などの点は必ずチェックするようにしましょう。

第二に、投資の手段としては、iDeCoは必ず活用すべきです。税制優遇措置が三つも用意されているもっとも有利な手段ですから、活用しない手はありません。次に活用すべきは、資産運用の初心者には非課税期間が長いつみたてNISAが良いのではないかと思います。

つまり、資産運用の初心者はまずはiDeCoとつみたてNISAをフルに活用して、年率3%のリターンを目指して少額から長期・分散投資を始めるのが良いのではないでしょうか。

年金保険料をちゃんと払うことは守りの投資の第一歩

以上、資産運用の初心者はどのように資産運用を始めるべきかを説明してきましたが、私は、資産運用の第一歩は国民年金の年金保険料をちゃんと毎月支払って、将来国民年金を受け取れるようにすることだと思っています。

「年金制度はいずれどこかの時点で破綻して、若い世代は将来年金をもらえないのだから、年金保険料をマジメに払い続けるのは馬鹿らしい」という主張をよく聞きます。毎月の年金保険料が高いこともあり、そういう主張に感化されてか、年金保険料を払っていない人が多いのも事実です。

しかし、そうした主張は本当に正しいのでしょうか。第3章で説明したように、将来の年金支給額が今よりもかなり低くなるのは間違いありません。ただ、それを超えて年金制度が将来のどこかで崩壊して、国民が年金をまったくもらえなくなるという最悪の事態が起きる可能性は限りなく低いと思っています。

厚生労働省が5年に1回発表する年金財政の最新の試算を見ると、そこでは様々なケースについて将来の年金支給額を試算しており、最悪のケースでは2040年代に年金基金が枯渇すると明示されています。

しかし、年金基金が枯渇しても公的年金の仕組みが崩壊するわけではありません。実際、その資料では、年金基金の枯渇後は「毎年払われる年金保険料でその年の年金支払いを行う完全賦課方式に移行することになる」と書かれています。仮にそうなった場合は、将来の年金支給額は今の半分くらいになるかもしれませんが、それでも公的年金の仕組みは存続するのです。

そもそも、有権者の声に弱い政治家、プライドが高い官僚が、国民皆年金の旗を下ろせるはずがありません。これからも異常な財政運営を続けて深刻な財政破綻の危機に陥るようなことがあれば別ですが、自分自身が官僚を20年やった経験からはその可能性は高くないと思います。

かつ、これも既に説明したように、現行の年金制度の下では、年金を受給する高齢者はだいたい10年で元が取れる、即ち年金支給開始年齢から10年間年金を受給すれば、若い頃40年かけて払った年金保険料の合計額を受け取ったことになり、それ以上長生きすれば得をすることになります。

これは、言葉を換えれば、人生90年時代においては今の公的年金制度は非常に条件の良い投資先である、と言うことができると思います。

もちろん、今の国民年金の給付額は月6万5000円ですので、仮に将来的に年金支給額が今より2割くらい下がって月5万円になった場合、それだけでは生活できませんが、それでも老後の収入の一部として大事な役割を果たすことを考えると、条件の良い投資をやらない手はないと思います。

ちゃんと年金保険料を払うという一見損に見えるけど実は有利な投資を継続して、国民年金を将来ちゃんと受け取れるようにすることは、守りの投資の第一歩になるのです。

③正しいやり方で経済と金融の知識を身につける

個人的には、これから資産運用を始める人にとっては、これが一番大事であると同時に、一番難しいのではないかと思います。

まず最初に言っておきたいのは、金融投資で大儲けした個人投資家の成功談や投資手法が書籍として出版されたり、ネット上で出回ったりしていますが、特に長期・分散投資をやっていこうと思うなら、その手の本は読む必要はないし、かつ読んではダメだと思います。

例えば、そうした個人投資家の中には、経済や金融の詳しい知識は必要なし、チャート（株価の推移を示したグラフ）の分析方法など、金融投資のテクニックだけ知っていれば大丈夫、といったことを言っている人もいます。

もちろん、そうした人たちはそれで金融投資に成功したのでしょうから、それ自体はすごいことだと思いますが、逆に言えばそれはあくまでその人だけの名人芸に過ぎません。名人芸を一般の人が真似して同じように成功できるかというと、それは無理だと思います。

また、それらの人たちは金融投資が本業で、かなりの量の株の売買を集中的に繰り返すことで短期的に大儲けするというアプローチが多いので、仕事の傍ら、息長く長期・分散投資をするのとは投資のスタイルが違います。

かつ、そもそも株価などの金融市場の動向は、短期的には突発的なイベントや投資家の思惑など様々な要因の影響を受けて非合理的な動きをしますが、長期的には経済の動向と整合的で理論的に説明できる極めて合理的な動きをする場合が多いのです。

従って、長期・分散投資を始めようと考えている資産運用の初心者ほど、もちろんチャートの読み方など最低限の金融投資のテクニックは必要ですが、まずは経済や金融に関する知識を身につけるようにすべきではないかと個人的には思います。

それでは、どうやって経済や金融の知識を身につけたらよいでしょうか。講演会などでもよく質問されますが、私は、これがベスト、これが近道という方法はなく、時間をかけて焦らずに学び続けるのが結局は一番の早道と思っています。

ちなみに、最初から経済や金融の専門書を読む必要はありません。必要なのは、肌感覚で経済や金融の動きやその方向性が分かるようになることです。そのためには、自分の経験から、まずは新聞の経済面、できれば経済専門の新聞（日本経済新聞）を毎日読むべきと思います。

私は大学を卒業して通産省（今の経済産業省）に入省しましたが、大学では経済学部で理論経済ばかりを勉強していたので、現実の経済や金融のことはあまり分かっていませんでした。その私が最初に配属された部署では、仕事の一つとして景気や金融の動向のフォローがあったのですが、経済理論などまったく不要なため、しばらくは日々苦悶《くもん》していました。

そのとき、当時の上司から「とにかく毎日必ず新聞に目を通せ。仕事が忙しくて平日は読んでいる余裕がなかったら、週末に1週間分をまとめて読め。そうすればだんだん経済の動きが分かるようになる」とアドバイスされました。

それを忠実に実行したところ、半年もするとだんだん感覚的に経済の動きが分かるようになってきました。最初の頃は読んでいてもちんぷんかんぷんな記事が多かったのですが、それでも我慢して読み続けていると、次第に頭が慣れてきて、何となくですが分かるようになったのです。

もちろん、私の場合は経済理論を勉強していたので、経済や金融の専門用語に多少の親和性があったのは事実ですが、そうした基礎知識がなくても、辛抱強く続けていれば分かるようになると思います。

というのは、このやり方は意外と色んな分野で有効だからです。例えば、英語のリスニングを学ぼうと思ったら、1日30分でいいからとにかく毎日、何を喋《しゃべ》っているか分からなくても英語を聞き続けていると、次第に単語を聞き取れるようになります。要は脳がだんだん新しい環境、新しい分野に慣れてくるのです。

紙で新聞を読むようにする

ちなみに、この方法をやるときの注意点を書いておきますと、可能なら、例えば日経と朝日といった具合に、複数の新聞に目を通すようにした方がいいと思います。というのは、メディアの報道には独特の偏りがあるからです。例えば日経や読売は政府の政策や経済状況について比較的好意的な記事が多いですが、朝日や毎日などは厳しい報道が多くなっています。

従って、経済専門紙とはいえ日経だけを読んでいると情報が偏りかねないので、できれば政権や大企業に批判的な新聞にもザーッとでいいので目を通すようにすると、バランスの取れた見方ができるようになると思います。

もう一つの注意点は、新聞に目を通すときはできるだけ紙で読むようにすべきということです。このネット時代に何を古いことを、と思われる方も多いと思いますが、ネット上で電子版だけを読むと、トップページにある新聞社が選んだ主要な記事だけを読むことになるので、最初は興味がなかったけど読んでみたら実は面白いし役に立つという記事を見逃しがちになるからです。

それと比べると、紙の新聞は小さい記事も含め一覧性がありますので、見出しで気になったら記事の最初を数行だけ読むこともでき、そうした記事も見逃さずに済むのです。

〝セレンディピティ〟(serendipity) という言葉をご存知でしょうか。これは、何かを探しているときに、探しているものとはまったく別の価値あるものを偶然発見することです。例えば、本屋に自分が欲しい本を探しに行き、ついでにぶらぶらしていて、関心もなかった違うジャンルで面白い本を発見するというのが典型例です。

新聞を読むとき、紙とネットではこのセレンディピティを経験できる可能性は、その一覧性ゆえに明らかに紙の方が大きいのです。

ちなみに、最近はネット上の検索サイト（グーグルなど）やソーシャルメディアのサイト（LINEやフェイスブックなど）でニュースを読む若者が多いと思いますが、これは絶対にダメです。

というのは、これらのサイトでは、いかにユーザの興味を引いてアクセス数を増やすかという、ニュースの中身の重要性とはまったく関係ない観点からニュースの見出しを並べていますので、経済や金融の動きが分かるようになる助けにはとてもなり得ないからです。

ついでに言えば、ネット上でニュースを検索したり、ニュースサイトなどでレコメンドされたニュースを読むのは、自分が関心ある特定のテーマについて深く知るには役立ちますが、関心がなかったけど実は面白いし役に立つニュースに出会うというセレンディピティの観点からは効果ゼロです。検索は入力したキーワードに関連した情報しか提示してくれないし、レコメンド機能は自分が読んだニュースに関連するものしか提示できないからです。

オールドファッションなやり方を推薦して申し訳ありませんが、資産運用に役立つ経済や金融の知識を身につけたいと思うならば、ぜひ紙で新聞を読むようにしてください。

焦らず2年かけて経済と金融の知識を身につけよう

そして、日経などの新聞を辛抱強く半年くらい読み続けて、何となく少しは経済や金融の動きが肌感覚で分かるようになってきたら、関心ある人は、次はネットを使ってさらに詳しい情報を集めるようにしたら良いと思います。興味ある分野の情報を掘り下げるには、そしてもっと広く情報を集めるには、ネットはすごく有効だからです。また、例えば日経は紙で読んで、他の新聞の経済面はネットで読むというのもありだと思います。

ただ、その際、あまり情報を集め過ぎて過剰摂取になってもしょうがないし、何よりネット上には嘘《うそ》の情報、いかがわしい情報があまりに多過ぎるので、まずは信頼できる出版社や企業のサイトを見るようにしましょう。例えば、週刊経済誌（東洋経済、ダイヤモンド、日経ビジネス）のウェブサイトは、情報の内容が信頼できるものが多いのに加え、無料で内容も充実しているのでお薦めです。

また、匿名で書かれた情報は基本的に信用すべきではありませんが、ネット上で本名をちゃんと明示しており、かつ内容が信頼できると思える人が書いている連載などを継続的に読むのも良いと思います。

こうした非常に地味な作業を継続して経済や金融の知識を身につけるのと並行して、投資のテクニックを解説した本を読むことなどを通じて投資の具体的なやり方を身につけてこそ、長期・分散投資を行っていくのに必要な知識と自信が身につくのではないかと思います。

そして、そこで大事なのは焦らないことです。既に述べたように、日本経済が本格的に厳しくなるのは2020年頃からです。逆に言えば、あと2年は時間の余裕があるのですから、前章で述べたスキルアップと同様に、その2年の間に資産運用に必要な知識をしっかりと身につければよいのです。2年かけて学べば、経済や金融についてかなり詳しくなれるはずです。

ちなみに、ある程度の知識を身につけてから実際に資産運用を始めようと思う方もいらっしゃるかもしれませんが、少額でよいので実際に投資をやりながら経済や金融の知識を学ぶことを強くお勧めします。理由は簡単、その方が勉強の真剣味が格段に上がるからです。自分のお金で損をしたくないというのは、頑張る上で非常に大きなインセンティブになります。

加えて言えば、経済や金融の知識を身につけることは、資産運用のみならず、自分の働いている会社が将来どうなりそうか、次はどういうビジネスが盛り上がりそうか、次は何が流行りそうかといったことを考えるのにも役立ちます。つまり、自分の仕事にもプラスになりますし、自分の周りのことも違って見えるようになります。

そう考えると、経済や金融の知識を身につけることは、前章で重要性を強調したスキルアップの一つに他なりません。自分自身の経験から、経済や金融の知識は本当に役に立ちますので、少しでも多くの方に頑張ってそれらの知識を身につけていただきたいと心底思っています。

ステレオタイプな情報に惑わされないようにする

ところで、経済や金融の知識を身につけるときに、一つ注意していただきたいことがあります。それは、巷《ちまた》でよく言われているステレオタイプな情報に惑わされないようにすることです。

その典型例は、公的年金の破綻です。まことしやかに多くの人が「公的年金は破綻して、若い世代は将来年金などもらえない」と言いますが、既に述べたように、将来は年金基金が枯渇して完全賦課方式になる可能性は否定できませんが、そうなったら年金支給額は激減するものの、それでも公的年金制度は存続できます。

また、これもよく言われるのが「老後に備えるには3000万円の貯蓄が必要」といった類の情報です。色んな人が金額こそ違えど「老後のために貯金が○○万円必要」と言っています。しかし、これも疑ってかかる必要があるのではないでしょうか。

そもそも老後の日々の生活にかかるコストは、物価の高い都市部と安い田舎ではだいぶ違います。ライフスタイルの違いによってもだいぶ違ってきます。何歳まで働くつもりか、老後も資産運用をやっていくか、などの要因によって老後の収入も大幅に変わってきます。

つまり、こういう試算はあくまで参考程度にして、自分の老後のために必要な貯蓄額は自分で計算してみないと意味がないのです。

金融機関系の団体ほど「老後は〇〇万円必要！」とかなり高額の数字を出すことが多いですが、これは、金融商品を売るための宣伝文句の場合が多いと思います。その数字を鵜呑《うの》みにしてはダメです。

もう一つ、よく言われるのは「日本は人口減少が続き空き家率も上昇しているので、地価はいずれ大きく下がるから、マンションや家を購入するのは愚かであり一生賃貸で過ごす方が賢い」といった意見ですが、本当に正しいのでしょうか。

まず人口減少や空き家率の上昇は事実ですが、地域によってそのペースには大きな差があります。かつ、日本人の人口は減少しますが、政府や自治体の政策次第で、地域によっては外国人労働者の人口が大きく増える可能性もあります。ステレオタイプに全国一律で同じ議論をするのは無理があるのです。

例えば、東京にオフィスを置きたいという外国企業はまだ数多いことを考えると、仮に小池都知事が外国企業の受け入れに資する規制改革を進めたら、東京の地価はオリンピックの後もそんなに下がらないかもしれません。実際、東京中心部の地価はこの数年でかなり上がったとはいえ、グローバルな都市間競争で東京のライバルであるシンガポール、香港、上海、ニューヨーク、ロンドンなどと比べるとまだ割安なのです。

また、家を買うより賃貸の方が良いという主張は、個人の毎年の収支（ローン支払額と家賃支払額の比較）のみがベースで、個人の資産（持ち家は資産になるが、賃貸だと資産は増えない）に関する検討は含まれていません。企業で言えば、毎年の損益計算書だけから企業の行動を議論し、その企業のバランスシート（資産と負債）は無視しているのと同じです。資産を多く持つかどうかは、個々人の考え方やライフスタイルによって異なります。

更に言えば、一生賃貸がいいと主張する人は、試算で家賃は一定と考える場合が多いですが、将来的に財政再建の影響で物価上昇率が高くなったら、家賃も連動して上昇します。それに対して、持ち家の場合は固定金利なら毎年のローン支払額が固定されます。将来の支出に関する不確実性を減らす観点からは、持ち家の方が安心かもしれないのです。

ちなみに、富裕層には不動産投資に熱心な人がいますが、その中には、将来万が一にも日本が財政破綻の危機を迎えたら、預金は接収され金融資産は紙切れになってしまうかもしれないけれど、そういうときでも不動産まで接収されることはないだろうから、と考えている人もいます。

こうした様々な要素を勘案すると、人口が減少して空き家率も増えているから持ち家より賃貸が良いという議論は、実は非常にステレオタイプで短絡的かもしれないのです。

ついでに言えば、この数年は節税対策もあり賃貸マンション経営ブームが続きましたが、それがだいぶ過熱する中で、賃貸マンションはもう供給過剰なのでダメだという意見もあります。

しかし、賃貸マンションに継続的に入居者が入るかどうかは、そのマンションの立地と管理（メンテナンス）次第です。例えば、田舎で賃貸マンションを経営しようと思ったら厳しいですが、駅近の立地が良いところで、かつ管理がしっかりしていれば、将来的に外国企業の増加の可能性がある都市圏や、大学などが地元にあって若者が一定数必ず住み続ける地域では、賃貸マンション経営はまだ資産運用の有効な手段になり得るはずです。

このように、特にネット上で流布する専門家や評論家と称する人たちの意見の中には、意外と疑わしいステレオタイプな話も多いのが実態です。なので、経済や金融の知識を身につけるとき、特にネット上で情報を収集するときは、すべて真に受けるのではなく、当たり前に言われている意見ほど、それに対して前章で述べたやり方、即ち「なぜ？」と疑問を持つようにすべきと思います。そうすることで、自分で考える機会を増やし、経済や金融に関する理解も深まるはずです。

将来的には攻めの投資も

これまで説明してきたように、資産運用の初心者にとっては、まずは少額からリスクの少ない長期・分散投資という〝守りの投資〟を始め、同時並行で着実に経済と金融の知識を身につけていくことがベストと思いますが、それに慣れてある程度の自信がついてきたら、将来的には〝攻めの投資〟を多少行うことも、資産を増やす観点からは重要かと思います。

そこで最後に攻めの投資について一言加えておきますと、攻めの投資でもやはり分散投資が重要です。

ちなみに、分散投資の対象は金融投資に限定されません。投資と言えば、株式、投資信託、ETF、債券、FX（外貨）などへの投資や不動産投資が代表的ですが、例えば海外の友人を見ていると、人によっては絵画や美術品、ワインに投資しているし、自分の趣味の延長で自動車や腕時計に投資をしている人もいます。将来的に価値が高まるものなら何でも投資の対象になるのです。

従って、資産運用を行うときはできるだけ頭を柔軟にして考えるようにした方がいいと思います。

次に、攻めの投資をする場合は、当然ながら個別企業の株式への投資も入ってくると思いますが、そのときには、当然ながら企業の財務データの読み方など、ある程度専門的な知識も必要になるので、同時並行で経済や金融の知識の吸収を怠らないようにしてください。

加えて、特に今後は、攻めの投資をするならば、買いから入るばかりでなく、売りから入るやり方もマスターしておいた方がいいのではないかと個人的には思います。

金融投資の基本は「安いときに買って高いときに売る」です。金融投資でも不動産投資でもこれは同じです。ただ、金融投資では、「まず高いときに売っておいて（空売り）後で安いときに買う」ということもできます。これからしばらくの間は、このやり方の方が重要になるのではないかと思います。

例えば、2014年はアベノミクスへの期待で株価が上がり続けましたが、このときのように株価が上昇を続ける可能性が高いタイミングでは、買いから入るというやり方が良いのは当然です。

問題は、少なくとも日本株については、これから当分の間はそういう恵まれた環境は期待できない可能性の方が高いということです。アベノミクスへの期待は剝げ落ちていますし、2020年までの間に改革が一気に進む可能性はそう高くないと思います。平均株価のレベルで考えると、2014年のように株価が上がり続ける局面はあまり期待できないのです。

海外を見ても、トランプ政権の下で米国経済の好調がずっと続くとは考えられません。中国経済も今後は成長の減速が危惧されます。北朝鮮問題という不安定要因も続きそうです。

これらの要因も考えると、今後しばらくの間は日本株が上がり続ける局面はなかなか来ないと思います。逆に下がることも多くなる可能性があることを考えると、株価が高い段階で売りから入って、だいぶ下がった段階で買うという取引もできるようにしておいた方がいいのです。

普通の株式投資でも、信用取引の制度などを利用すればこの売りから入るというやり方ができますし、外国為替（FX）取引ならばいつでも売りから入ることができますが、金融商品取引所で取引されている株価証拠金取引というものを活用して、平均株価や為替に売りから入ることもできます。

第6章 スマホの使い過ぎは人間の能力を低下させる

ネット、スマホ、パソコンが人間を馬鹿にする

第4章では働いて得る収入を増やすために必要なスキルアップについて、また第5章ではそれを補完して家計の収入を増やすのに不可欠な資産運用について、それぞれ説明してきました。

そこで共通するのは、それが仕事か資産運用かは別にして、収入を増やして将来不安をなくしたいと思うなら、長生きの時代になったからこそ、意識して継続的に新たな知識を身につける必要があるということです。

このように言われると、「勉強しろ、勉強しろ」と親に言われ続けた子どもの頃を思い出して、不愉快に感じる方が多いと思います。しかし、〝地球の歴史を生き残ったのはもっとも強い種でも、またもっとも賢い種でもなく、環境変化にもっとも適応した種である〟というダーウィンの進化論の教えを思い出してください。

私たち働く人の立場を考えると、長生きの時代に突入、デジタル化とグローバル化の進展など、様々な環境変化に直面しています。それらの環境変化に適応してしたたかに生き延びるためには、一生学び続けて自分の稼ぐ力や資産運用の力を不断に高めていく必要があるのです。

ところで、このように一生学び続けて自分の能力を高めなければいけない今の時代に、それを邪魔する非常に大きな障害が存在することをご存知でしょうか。それは、皆さんが日々当た

り前のように使っているインターネット、そしてそれにアクセスする道具であるスマホとパソコンです。この三つは、正しく使えば人間の能力を大きく高めてくれるのですが、逆に、その使い方を間違えると大きく低下させてしまい、平たく言えば人間を馬鹿にしてしまうのです。

こう言うと、違和感を感じる人が圧倒的に多いだろうと思います。今や普段の生活でネットとスマホは不可欠、仕事だとパソコンも含め三つすべて不可欠になっており、毎日長時間使うのが当たり前ですから、それで自分が馬鹿になっていると感じている人はほぼ皆無だと思います。

また、多くのネットやデジタルの専門家の人たちも、ネットやスマホが世の中を変える、人間を賢くする、働く人の生産性を高める、といったメリットをずっと叫び続けており、〝馬鹿になるから注意しろ〟と警告する人など皆無です。

もちろん、それらを本当にうまく使いこなすことができれば、人はすごく賢くなれるし仕事の生産性も大きく向上します。

しかし、パソコンが普及してからまだ30年、産業革命並みのインパクトを持つインターネットが普及を始めてからまだ20年、スマホという革命的な端末が出現してからまだ10年という短期間では、残念ながら人間はまだそれらをうまく使いこなせておらず、逆に非常に多くの人がデジタルとネットの〝泥沼〟にはまり込んでしまっているのが現実なのです。

それでは、本来は人間を賢くするはずのネット、スマホ、パソコンがどのように人間を馬鹿にしているのでしょうか。それらを使い過ぎた場合の人間への悪影響として、集中力の低下と深く考える力の低下という二つの深刻な問題点を指摘できると思います。

第1節　集中力の低下

ネット上を忙しく飛び回る毎日の生活

その一つは集中力の低下です。人はネット、スマホ、パソコンを使い過ぎるとかなり注意力散漫になってしまいます。

歴史を振り返ると、はるか昔は人間も他の動物と同じようにすごく注意力散漫でした。例えば、石器時代の人間は、突然草むらからライオンが現れたらすぐ逃げないと襲われてしまうので、何か一つの物事に集中するよりも、常に周りの色々なところに注意を払う、すなわち注意力散漫であることこそが生き延びるために必要だったのです。

それが明確に変わったきっかけは、15世紀半ばのグーテンベルクによる印刷技術の発明でした。印刷された本が数多く世の中に出回るようになったことで、人間は初めて、本を読む、即ち本という単一の静止した対象に向かって切れ目なく注意を持続させるという、それまでの人間にとっては非常に不自然な行為を行うようになりました。それを繰り返すうちに不自然な行為にも慣れ、人間は集中して本を読んだり考えたりすることができるようになったのです。

つまり、人間が一つの物事に集中できるようになったのは、人類の長い歴史の中でわずか600年前というごく最近のことだったのです。それができるようになったからこそ、この600年の間に科学技術や人文科学など様々な分野でクリエイティブなアイディアが生まれ、文明が大きく進歩して豊かな社会が実現できたと言うことができます。

しかし、ネット、スマホ、パソコンが人間にとって不可欠の道具となったことで、人間の集中力は逆にグーテンベルク以前と同じような状態に戻りつつあると言うことができます。

多くの人のネット絡みでの典型的な生活パターンを描いてみると、以下のような感じになるでしょう。

朝はスマホのアラームで起きて、最初にやるのはスマホに触って、寝ていた間に届いたメール、ソーシャルメディア、ウェブサイトなどのアップデート情報のチェックではないでしょうか。

そして、朝晩の通勤の間はスマホで色んなウェブサイトを回遊したり、LINEで友達と会話をしたり、フェイスブックやツイッターなどのアップデートを確認したり、動画を見たり、ゲームをしたり、とずっとスマホをいじっているのではないでしょうか。

オフィスでは主にパソコンを使い、資料作成などの仕事をしつつ、ネット上で調べ物やニュースのチェックをして、メールのチェックや返信をして、スカイプなどで会議をして、あとは時間があるときはウェブサイトや動画、ソーシャルメディアを見たりしているはずです。

仕事が終わって家に帰ったら、若い人ほど寝る直前まで、ソーシャルメディア、ウェブサイト、eコマース、動画、ゲームとスマホを長時間いじり続け、最後は枕元にスマホを置いて就寝すると思います。

ちなみに、ブログやソーシャルメディアで文章を投稿したり、動画サイトに動画をアップしたり、自分のリア充を証明する写真をたくさんソーシャルメディアで公開したり、とネット上にコンテンツを頻繁に発信している人もたくさんいますが、圧倒的多くの人が発信するよりはるかに多量のコンテンツをネット上で消費しています。

パソコンのみでネットにアクセスしていた時代は、主に自宅かオフィス、カフェくらいに場所と時間が限定されていましたが、スマホの登場により24時間いつでもどこでもネットにアクセスできるようになったので、多くの人がほぼ1日中、ネット上でソーシャルメディア、ウェブサイト、動画、ゲーム、メールなどの消費を執拗《しつよう》に行うようになっているのです。

しかも厄介なのは、ネット上で提供されるコンテンツは、例えば動画サイトなら短い分量に細切れにされ、かつたくさんのリンクが貼られています。加えて、日々刻々と情報が追加・更新されます。ソーシャルメディアも、短い分量でリアルタイム性を高めたコミュニケーションを前提としています。従って、多くの人がネット上では自ずと、様々なウェブサイトに次々と忙しくアクセスし、ソーシャルメディアのプラットフォームにも1日に何度もアクセスすることになります。

つまり、人はネット上ではすごく頻繁に多くのウェブサイトやプラットフォームを飛び回り、新たなコンテンツの消費やコミュニケーションを忙しく行わざるを得ないので、自ずとそれぞれのコンテンツに集中する時間も非常に短くなり、個々の情報を十分に理解・吸収する余裕がなくなっています。

これは、言葉を換えれば、無料でコンテンツを楽しめるようにする代わりにアクセス数などに応じて広告収入を稼ぐというネット企業のコンテンツ提供の仕組みが、ユーザにネット上を忙しく飛び回ることを、そして自分のところ（ウェブサイトやプラットフォーム）に頻繁にアクセスすることを強いているのです。

実際に、ニールセン・ノーマン・グループが2008年に米国で行った調査によると、人はウェブサイトの文書を読む場合、平均してウェブページの文書全体の28％しか読んでいないとのことです。

また、米国で行われた幾つかの実験では、被験者にネット上でたくさんのリンクが貼られた文章と紙に印刷された文章を読ませた場合、明らかに前者の方が読み手の集中力が低下して中身の理解も不十分であったという結果が出ています。

平たく言えば、ネット上でウェブサイトやプラットフォームを忙しく頻繁に飛び回ることを日々繰り返している結果、人間の集中力はかなり低下してしまっているのです。

スマホやパソコンでのマルチタスクが当たり前の日常

次に、ネット上を忙しく飛び回るのと同様に人の集中力の低下に影響していると考えられるのは、〝マルチタスク〟です。

パソコンを使っているときは、マルチタスク、すなわち文書の作成、パワポやエクセルなどでの資料の作成、メールのチェックと返信、ネットにアクセスして情報を集めたり息抜きにコンテンツを楽しむ、といった複数の作業を同時並行で行うのが当たり前になっています。

スマホを使っているときもマルチタスクが当たり前になっており、ウェブサイトの閲覧、ソーシャルメディアのチェックと返信、ＬＩＮＥでの会話、メールのチェックと返信、アプリのゲームなどの複数のアクションが同時並行で行われています。

かつ、スマホでもパソコンでも、やれメールが届いた、ＬＩＮＥに新しいメッセージが来た、ソーシャルメディアで新しい書き込みがあった、お気に入りのウェブサイトやブログが更新された、と画面上の表示や効果音を使ってご丁寧にいちいち知らせてくれます。仕事をしていても、また一つのコンテンツを楽しんでいても、ネットがその中断を頻繁に促して集中させてくれないのです。

このようにマルチタスクが当たり前の行為となり、そして作業が頻繁に妨害されるのに慣れてしまうと、人はスマホやパソコンからのお知らせがなくても自分から頻繁に作業を中断して、新着メールやソーシャルメディアの更新をチェックしたり、無駄にウェブサイト上を回遊したりしてしまいます。

スマホやパソコンを使って作業することが当たり前になる中で、このようなスマホやパソコンからのお知らせという外生的な妨害と、気が散って自らネットにアクセスするという内生的な中断が頻繁に発生して、一つの作業に集中できなくなってしまっているのです。

読者の皆様も、ほぼ全員必ずこうした経験をしていると思います。だからこそ、今の大学生の多くは、手元にスマホやパソコンがあったら1時間も集中して本を読み続けることができません。ひどい場合は、本を読み出して数分でスマホやパソコンをいじってしまいます。つまり、数分しか集中できていないのです。

このように、マルチタスクが当たり前の前提となっているスマホ、パソコン、ネットのデジタル環境は、人間の思考を頻繁に中断させて注意を分散させてしまう、すなわち集中力を低下させるシステムになっており、その影響で実際に人の集中力はかなり低下してしまっているのです。

何歳になっても環境変化に適応する人間の脳

そして、重要なのは、人間の脳は非常に賢くて何歳になっても環境の変化に適応するということです。

だからこそ、毎日長時間ずっとネットにアクセスしていると、脳はネットから間断なく情報を与えられることに慣れてしまうので、常に新しいコンテンツという感覚的・認知的刺激を求める〝ネット中毒〟の状態になってしまいます。

また、スマホやパソコンを毎日長時間使っていると、マルチタスクが当たり前という環境に慣れてしまうので、脳は長く一つのことに集中するという行為ができなくなってしまうのです。

電車の中でスマホをいじっている人の多くが、どんどん画面を切り替えて、かつ画面を忙しそうにスクロールしています。仕事では、多くの人がパソコンでやっている作業を頻繁に切り替えています。

これらは、集中力が低下してしまい、一つのコンテンツや仕事に集中できなくなってしまっている証左ではないでしょうか。

ある意味で、ネット上を忙しく動き回ることとマルチタスクの二つが、スマホの普及からわずか10年で、人間の脳をグーテンベルク以前の注意散漫な状態に戻してしまったと考えることもできるのです。

集中力の低下を物語る米国での調査結果の一例を紹介しておくと、ビジネスインサイダーというネット・ジャーナルが2016年に行った調査によると、米国人のiPhoneユーザは1日に80回、そしてAndroidユーザは1日に110回もスマホをアンロックしている、つまりスマホを起動しているとのことでした。

平均して1日に100回スマホをアンロックしていると考え、かつ米国人の平均睡眠時間は8時間台なので、1日のうち起きている時間が16時間とすると、米国人は仕事中も含めて10分に1回はスマホをいじっていることになるのです。冷静に考えると、これは異常な数字です。

また、dscoutという米国のリサーチ会社が2017年に行った調査によると、米国人のスマホユーザは平均して1日に2617回スマホに指でタッチしています（タップ、タイプ、スワイプなどアクションの合計）。ヘビーユーザになると、1日に5427回もタッチしているのです。

もちろん、これらは米国人に関するデータですが、日米でデジタル環境に大きな違いがないことを考えると、おそらく日本人も同じような行動パターンになっていると推測できます。ネット、スマホ、パソコンによって人間の集中力が低下しているのです。

第2節　深く考える力の低下

歴史上未曽有の規模での情報の過剰摂取

ネット、スマホ、パソコンの使い過ぎによるもう一つの悪影響は、〝深く考える力の低下〟です。

自分の日々の生活を思い返してみてください。毎日長時間ネットにアクセスして、必要以上に凄まじい量のウェブ上のコンテンツやニュース、ソーシャルメディアの書き込みなどを読んでいませんか？　気がつくと、人はスマホやパソコンを当たり前のように使いこなす中で、情報を過剰に摂取しているのです。

ちなみに、情報の過剰摂取という現象は、ネット、スマホ、パソコンの普及によって人類の歴史上初めて起きた問題ではありません。紀元前3世紀に初めて本が作られましたが、それまではずっと人間は自分の記憶のみに頼っていたので、本の登場によって知識や情報が氾濫してしまうのではと言われました。

それがより一層声高に叫ばれたのは、15世紀半ばにグーテンベルクが印刷技術を発明して、歴史上初めて大量の本が世の中に出回り出したときです。グーテンベルクは1453年頃に印刷技術を発明したと言われていますが、1480年にはヨーロッパの20以上の都市に印刷所ができ、大量の本が世の中に出回るようになり、本の価格も80％も安くなりました。

そして、1500年頃になると、印刷所が儲けるためにクオリティの低い本を粗製乱造するようになったので、〝すべての人がまず古代の偉人の書物を読むべきなのに、それが読まれなくなっている〟と多くの学者や評論家が指摘するようになりました。

例えば、当時の著名な哲学者エラスムスは「印刷機のせいで世の中に下らない本、無知な本、有害な本ばかりが洪水のように出回ってしまい、本当に良い本の素晴らしさが認識されなくなっている」と嘆いています。

このエラスムスの言葉は、今の時代にこそ当てはまるのではないでしょうか。ネット上にはもちろん有益な情報もたくさんありますが、やはり圧倒的多くがどうでもいいクズ同然の情報だからです。かつ、本が本格的に普及を始めた1500年頃と今とを比べると、人がアクセス可能な情報の量は今の方が桁外れに多いからです。

即ち、情報の過剰摂取自体は歴史上初めて起きたことではないけれど、情報の量のレベルで考えると、ネット、スマホ、パソコンの普及によって歴史的にも未曽有のレベルでの過剰摂取が起きているのです。

ネット、スマホ、パソコンは人間の欲求を満たす最高の道具

もちろん、それは理由があって起きています。米国の心理学者マズローによると、人間の欲求は5段階のピラミッドのように構成され、人間は低い階層の欲求が充足されるとより高次の段階の欲求を充足しようとします（欲求5段階説：図6-1）。

もっとも下の階層の生理的欲求は、生きるために不可欠な本能的欲求（食べる、寝るなど）です。安全欲求は、危機を回避したいという欲求（雨風をしのげる家に住む、健康を維持するなど）です。社会的欲求は、他者に受け入れられたいという欲求（集団への帰属、仲間の存在、パートナーとの愛情など）です。尊厳欲求は、承認欲求という別名から分かるように、他者から評価されたい、尊敬されたいといった欲求です。そして、最上位の自己実現欲求は、自分の能力や可能性を発揮したい、人生の充足を味わいたいといった欲求です。

こう説明すると分かるように、ネット、スマホ、パソコンは上位の三つの欲求を充足させる格好の道具となっています。

例えばソーシャルメディアを活用すれば友人や恋人などと常につながっていることができるのですから、社会的欲求を充足させられます。

また、多くの若い人がインスタグラムやフェイスブックなどを使って自分のリア充の写真をアップし、多くの「いいね！」を獲得することで、尊厳欲求をインスタントに充足させていま

図6-1 欲求5段階説

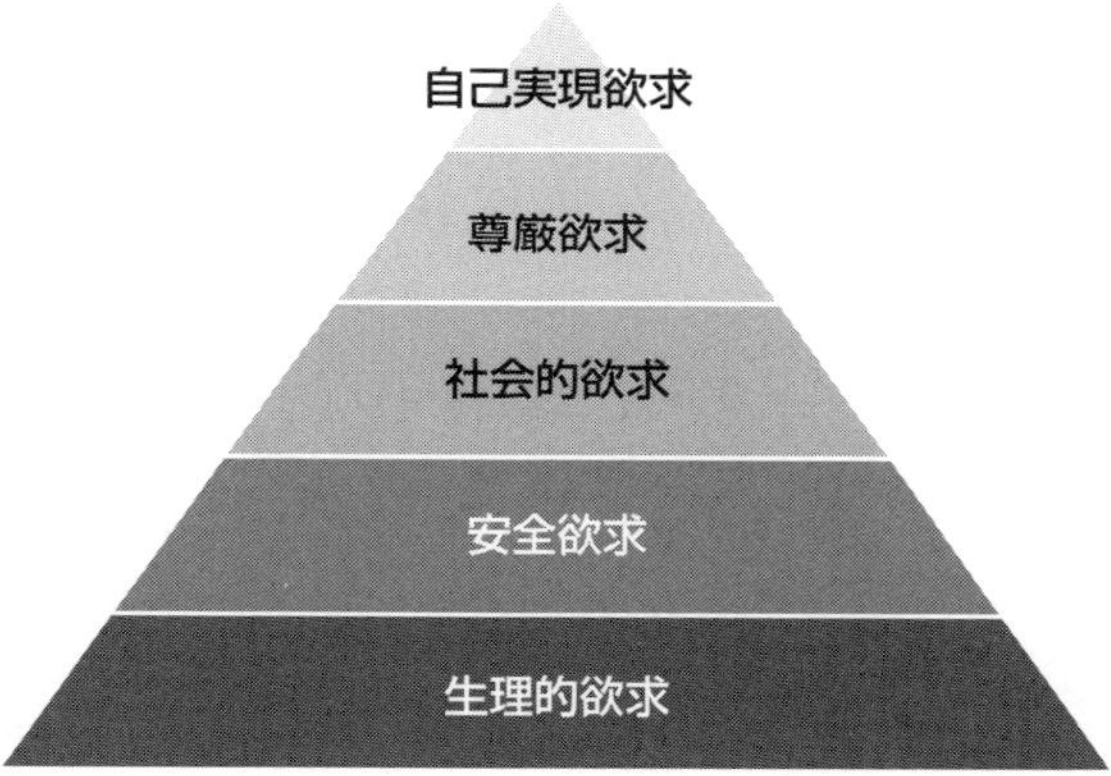

す。

更には、ネット上では無限の情報・知識を吸収でき、ブログや動画サイトなどの自己表現の場もあり、クラウドファンディングなどを活用すれば起業もできます。自己実現欲求の充足のためには最高に便利な道具なのです。

だからこそ、多くの人がネット、スマホ、パソコンを毎日長時間使い続けるのです。

そして、ネット上のコンテンツは色使いが派手だし、画像・映像・音声も駆使して非常に刺激的です。脳がそうした行動や刺激に慣れてしまい、常に刺激を欲するようになるからこそ、ほとんど中毒のように朝から晩までそれらを使い続け、情報を過剰摂取してしまうのです。

皆さんも、自分がブックマークしているウェブサイトの数やRSSフィードの数、定期購読しているニュースレターの数、ソーシャルメディアでフォローしている人の数、利用しているソーシャルメディアのプラットフォームの数を数えてみてください。知らず知らずのうちに凄まじい数になっているはずです。

〝浅い読み方〟と〝深い読み方〟

ここで留意すべきは、ネット上で情報を過剰摂取する過程で、人はそれらの情報をしっかりと吸収して知識を増やしたり新しいアイディアにつなげたりできず、情報の多くを単に消費するだけですぐ忘れているということです。

米国ノースウェスタン大学の心理学者ポール・レバー教授によると、今や人間の脳には記憶システムに書きとめられるよりも速いペースで情報が流入してくるため、日々入ってくる情報のすべてを脳の中に記録するのは不可能だそうです。また、英国ロンドン大学の心理学者ディミトリオス・ツィブリコス教授によると、人間は日々獲得する情報の50％しか記憶して有効に活用していないそうです。

〝情報を消費するだけになっている〟とは、言葉を換えると、ネット上の情報の読み方が〝浅い読み方〟になっていることに他なりません。

テキストの読み方には、〝深い読み方〟と〝浅い読み方〟の二種類があります。〝深い読み方〟とは、テキストの内容に没入することにより、そこで新しい知識を吸収するという受け身の行為のみならず、読み手がそれを自分の持つ知識と統合して新たなアイディアや洞察を生み出すという能動的な行為でもあります。人は紙に印刷された本を読むときは、こうした〝深い読み方〟を無意識のうちに行い、深く考えているのです。

これに対して、人は、例えば電車内の広告など、ほとんど無意識のうちに1日中たくさんのテキストを読んでいますが、そのときの読み方は、字面を追って流し読みして文字と意味を認識するだけであとはすぐ忘れるという〝浅い読み方〟になっています。

そして、スマホやパソコンでネット上のテキストを読むときの読み方は、集中力の低下や情報の過剰消費といった要因も影響して、〝浅い読み方〟になっているのです。

例えば、米国のネット・コンサルタントのジェイコブ・ニールセンが2006年に行った実験（232人の被験者に眼球の動きを追跡する小型カメラを装着し、パソコン上でのウェブサイトのコンテンツの読み方を分析したもの）によると、紙の本を読むときのように1行1行几帳面《きちょうめん》に読む人はほとんどいませんでした。多くの人はテキストを飛ばし読みしていたのです。具体的には、まず最初の2、3行を左から右へと読み、それから下に下がって途中の数行を拾い読みして、その後は画面の左側をページの最後までおざなりに移動していたのです。別の識者による実験でもほぼ同じ結果になりました。

即ち、ネット上で情報を得るときは〝浅い読み方〟でテキストを読んでいるので、通り一遍の流し読みとなってしまい、それは注意力散漫で慌ただしい思考、表面的な学習にしかなりません。

ちなみに、紙の本が電子書籍に置き換えられた場合も、そこでの文章にリンクが貼られていたり、電子書籍端末がネットにつながってウェブサイトなどにアクセスできたりすると、〝浅い読み方〟になってしまいます。

そして、問題は、スマホやパソコンで長時間ずっとネット上の情報ばかりに接し、その一方で紙の本や新聞をあまり読まないと、人間の脳はその環境に順応するので、紙の印刷物を読むときも〝浅い読み方〟ばかりをするようになってしまうということです。

そうなると、〝深い読み方〟をできなくなり、その延長で深く考える力も低下することになります。じっくりと考えることができなくなり、オリジナルな思考で問題に取り組むのではなく、ネット上ですぐ見つかるようなステレオタイプなアイディアや解決策に頼るようになってしまうのです。

実際、〝浅い読み方〟の弊害が増えているように思います。例えば、2016年の米国大統領選の頃から、ネット上ではフェイクニュースが氾濫しています。これは、多くの人が嘘であっても自分の考えに合ったニュースだけを信用するようになったからですが、それは裏を返せば、自分と違う意見も受け止めて深く考えることが面倒になったからではないでしょうか。

また、犯罪行為や馬鹿げた行為の映像をソーシャルメディアに投稿する若者が多いですが、それが世間に知られたら自分が犯罪者になる、仕事を失うというリスクがあることは、投稿する前に3秒考えれば子どもでも分かるはずです。それもできずに投稿してしまうのも、深く考えることができなくなってしまったからではないでしょうか。

第3節　どうやって集中力の低下、深く考える力の低下を防ぐか

自分の稼ぐ力を低下させてしまう危険性

以上のように、ネット、スマホ、パソコンを毎日長時間使い過ぎると、集中力の低下、深く考える力の低下という悪影響が生じることになります。それらの悪影響は、当然ながら仕事で稼ぐ力を高めるために必要なスキルアップ、そして資産運用に必要な知識を身につけることの障害となります。

特に仕事をしながらそれらに取り組もうとすると、短時間で集中して効率良く学ぶことが必要となります。しかし、集中力や深く考える力が低下してしまっては、短時間で知識を体系的

に身につけることはほぼ不可能です。だらだら長い時間がかかるか、注意力散漫なまま部分的な理解で終わりかねません。

デジタルネイティブともてはやされることが多いけれど、集中力も深く考える力も低下した今の学生の多くは、スマホやパソコンを目の前に置いていたら教科書をじっくりと最後まで読み通すことができません。その一方で、分からない専門用語があったら、ネット上のウィキペディアで調べてざっと一読して、それで分かった気になっています。

しかし、例えば教科書を読み通してミクロ経済学の全体像を体系的に理解することなく、〝独占〟や〝ゲーム理論〟といった個別の理論を短くまとめたものを流し読みするだけでは、その知識は使い物になりません。仕事や資産運用に関する知識も、それとまったく同じです。

そして、第4章でも説明したように、今後はどのような仕事においてもクリエイティビティの強化がスキルアップの観点から重要になります。クリエイティビティ、つまり個人の独創性を高めるには、新たな知識を単に消費するのではなく、〝深い読み方〟を通じてしっかりと理解・吸収しながら、それらを自分の頭の中にある知識と結合させつつじっくりと考えることが必要となります。

ちょうどイノベーションが既に存在するものの新しい組み合わせを作り出すことであるように、クリエイティビティとは知識の新たな組み合わせを作り、そこから新しい知見や洞察を生み出すことだからです。

そのように考えると、集中力や深く考える力が低下してしまっては、これからの時代に稼ぐ力として重要なクリエイティビティを身につけることが非常に難しくなってしまうのです。

ネット、スマホ、パソコンは本当に便利です。今やそれらのない生活は考えられないでしょう。でも、それを日々長時間使い過ぎることで自分の稼ぐ力を低下させてしまっては本末転倒だし、何よりあまりにもったいないと言わざるを得ません。

脳を俊敏にすることと集中して深く考える能力のバランスが大事

もちろん、だからと言って、ネット、スマホ、パソコンは使うなといったアナログなことを主張するつもりはありません。

これだけ情報過多となり、価値観が多様化し、何事も効率化が求められるとともに個人がやるべきことが多くなった時代においては、仕事でも脳を俊敏にすることは非常に重要だからです。

〝浅い読み方〟に習熟することで多量のテキストを短時間でスキミングする能力が身につきますし、またマルチタスクを正しく行えるようになれば、瞬時に意識を新たな事象に切り替えることができるようになります。

ネット、スマホ、パソコンを賢く使いこなすことは、今の時代に仕事で必要とされる能力を鍛えている面も十分にあるのです。

問題は、多くの人がデジタル環境の便利さと自分のデジタル機器の使い方に満足してしまい、集中力の低下や深く考える力の低下を修正しようという問題意識に欠けてしまっていることではないかと思います。

自分の能力を高めて仕事でもっと稼げるようにするには、脳を俊敏にして多量の情報の認知や仕事の切り替えを効率的にやれるようにするだけではなく、集中して深く考えることで情報やスキルをしっかりと身につけ、またクリエイティブなアイディアを生み出せるようにすることも大事だからです。

要は、デジタル環境の下で低下してしまった集中力や深く考える力を意識して復活・強化して、両方の能力をバランスさせることが、稼ぐ力のアップのためにはとても重要なのです。

それでは、ネット、スマホ、パソコンを仕事などでかなり長時間使わざるを得ないのは当然として、その環境の下で集中力の低下や深く考える力の低下を防ぐにはどうすればいいでしょうか。

それを考えるきっかけとして、まずマルチタスクについて分析的に考えてみましょう。

というのは、集中力の低下はネット上を忙しく動き回ることとマルチタスクが原因で生じますが、前者は後者のプロセスの中で起きることが多いからです。仕事中にマルチタスクをやっている中で、気がついたら長時間ネット上でボーッとウェブサイトや動画、ソーシャルメディアを見ていたという経験をお持ちの方も多いはずです。

かつ、深く考える力の低下は情報の過剰摂取が原因で生じますが、情報の過剰摂取はマルチタスクの最中にネット上を忙しく動き回る中で起きているからです。

マルチタスクの4分類

分析的に考えると、マルチタスクという言葉が意味する行動は以下の4種類に分類できます。

①例えばピアノを弾きながら歌うなど、複数の作業を同時にこなす〝純粋な意味でのマルチタスク〞。この場合、少なくとも一つの作業は意識せずにやれるようになっていることが必要

②例えば職場で二つのプロジェクトに同時進行で関わっていて、かつ来週は新規プロジェクトの提案を完成させなければならず、また参加している勉強会で発表もしなければならないといった、全部を同時並行でやる必要はないけど〝やるべきことが多くて忙しい状況〞

③例えばプレゼン資料を作っている最中に上司からの電話にも対応して、資料作りに関係す

るメールが来ないかも目配りするといった、複数のタスクの間を忙しく行き来しなければならない状況。マルチタスクというより、正確には〝タスク・スイッチング〟(タスクの切り替え)

④例えば仕事の合間にネット上で、仕事に関係ないウェブサイトやソーシャルメディアの書き込みをだらだらと読んだり、動画サイトでどうでもいい動画をボーッと見たりしていて、気がついたら長時間ネット上で無駄に過ごしていたという、マルチタスクというより正確には〝ネット中毒〟の状況

このうち、①の純粋なマルチタスクはごく一部の専門的な作業の世界なので除外するとして、私たち一般の人が直面するマルチタスクは②~④のどれかになるはずです。

このうち、②のやるべき仕事が多い状況は、むしろ個人の生産性やクリエイティビティを高める効果を持つので、特に問題視する必要はないと思います。

実際、複数の心理学者(バーン・エィデュソン、ハワード・グルーバーなど)の研究の成果によると、顕著な成果を残したトップクラスの科学者の多くは、研究の領域やテーマを絶えず変えており、複数の異なる分野での研究を同時並行で行うのも当たり前にやっていたとのことです。

また、米国の心理学者ミハイ・チクセントミハイの研究でも、芸術から科学に至る広い分野で特にクリエイティブな成果を残した人たちはすべて、いくつかのプロジェクトを同時進行で行っていました。

つまり、問題視すべきマルチタスクは、やるべきタスクが多いという③のタスク・スイッチングと、④のネット中毒の状況となります。

いかにタスク・スイッチングで集中力を維持するか

③のタスク・スイッチングは、ちょこちょこ短時間で今自分がやっている仕事を変えてしまうのですから、当然ながら集中力を低下させるのみならず、生産性も低下させてしまいます。

それにも拘わらず、例で説明したようなやむを得ない場合以外でも、集中して文書を書いているつもりなのについメールをチェックしてしまうというような形で、無意識のうちに短時間でやっている仕事をどんどん変えている人が多いのではないでしょうか。

その原因としては、デジタル環境が人間のある心理的な特性を呼び起こしていることが考えられます。ロシアの心理学者ゼイガルニクによると、人間は中断することなく終わらせたことは忘れやすいのに対して、途中で中断して未完成のままのことは強烈に記憶に残るそうです（〝ゼイガルニク効果〟）。

例えば、テレビのドラマが盛り上がったところで終わって〝続きは来週〟となると、続きがずっと気になるものです。またテレビの面白いコマーシャルが途中で〝続きはウェブで〟と終わると、ウェブサイトを見たくなるものです。これらは、このゼイガルニク効果を活用しているのです。

マルチタスクが当たり前のデジタル環境では、未完成のタスクをたくさん同時並行で行うことになります。メールが来たと分かっていて読んでいないのも、まだ返事をしていないのも未完成の状態の一つです。従って、一つのタスクを行っていても他の未完成のことが気になり、短時間ですぐに別のタスクに移行してしまうので、集中力が低下するのです。

人が仕事をする場合、通常は幾つかのプロジェクト（大きな仕事の塊）に同時に関与し、それぞれのプロジェクトの下で幾つものタスク（大きな塊の下でやるべき小さな単位の仕事）を同時にこなしますが、カリフォルニア大学のグロリア・マーク教授が２００８年に行った実験によると、人は平均して3分ごとにやっているタスクを変え、また10分半ごとにプロジェクトを変えるそうです。そして、途中で止めたタスクやプロジェクトにまた集中するまでには23分15秒を要しました。

この実験の結果からも、現代人がいかに忙しくタスク・スイッチングを行っているか、その結果としていかに人間の集中力と生産性が低下してしまっているかが分かるのではないでしょうか。

しかし、今は仕事でタスク・スイッチングが要求される時代なので、それを避けようと思っても無理です。となるとできることとしては、個々のタスクを行うとき、それが10分や30分、場合によっては5分というごく短時間でもいいですから、一定の時間はそのタスクに目一杯集中するように意識して訓練するしかありません。

実際、米国のアール・ミラー教授（神経科学）によると、マルチタスク（タスク・スイッチング）を行っていると、タスクを変える度に脳の反応の体制（脳細胞ネットワーク）を変えないといけないので、思考や行動がスローダウンするし、間違いも起きやすくなり、更にはクリエイティビティも低下するとのことです。人間は本質的にマルチタスクには向いていないのであり、〝モノタスク〟、つまり一つのことに集中した方が生産性が圧倒的に高まるのです。

ちなみに、米国で専門家が仕事で集中力を高める方法として推奨しているものの中には、例えば、25分集中して5分は好きなことをして休憩するというサイクルを2時間繰り返す（30分をカウントダウンするキッチンタイマーの名前から〝ポモドーロ・テクニック〟と呼ばれる）というものがあります。また、スマホやパソコンのメール着信やソーシャルメディア更新などを知らせる機能をオフにする、というのも有名です。

こういった方法も活用しながら、タスク・スイッチングをやりながらも個々のタスクへの集中力を高められるように意識して取り組んでいくことが必要ではないでしょうか。

ネット中毒の典型はソーシャルメディア

難題は④のネット中毒です。おそらくネット中毒にかかっている人はかなり多いのではないでしょうか。

電車の中などで一心不乱にずっとスマホをいじっている人はその典型ですし、オフィスや家でもパソコンで仕事をしているはずが、気がついたらネットでウェブサイト、ソーシャルメディア、動画サイトを長時間見ていたという人もそうだと思います。

そして、ネット中毒にかかってしまっている人ほど、仕事中や勉強中でも、というよりそうしたときほどその症状が遠慮なく現れるので、そうした人たちの集中力や生産性はかなり低くなっていると言わざるを得ません。

ところで、ネット上でもっとも中毒性が高いのは間違いなくフェイスブック、インスタグラム、ツイッター、LINEなどのソーシャルメディアです。

読者の皆さんの中にも、自分が投稿する以外に、1日に10回以上、もしかしたら数十回もソーシャルメディアにアクセスして、友人の新しい投稿、自分がアップした写真への〝いいね！〟の数などの更新状況をチェックしている人が意外と多いのではないかと思います。

それでは、なぜ自分がそこまで頻繁にソーシャルメディアにアクセスして更新状況をチェックしてしまうのか、読者の皆さんはその理由を説明できますでしょうか。おそらく大半の人が明確には答えられないと思います。

その理由は簡単で、自分なりの動機や自分の意思によってチェックしているのではなく、ユーザがそう行動するように、ソーシャルメディア企業によってプラットフォームがデザインされているからなのです。ちなみに、動画サイトでつい何本も動画を見てしまうのも、同様にユーザがそう行動するようにサイトがデザインされているからです。

あまり専門的なことを説明してもしょうがないので、いかにネット企業がソーシャルメディアのプラットフォームの中毒性を高めているか、いくつか例を紹介しましょう。

自分の投稿に対する〝いいね！〟の数が増えると嬉しいはずです。特に、寂しいときや無力感を感じているときなどに〝いいね！〟の数が増えていると、より一層嬉しいはずです。そう、〝いいね！〟はユーザに対する報酬の役割を果たしているのです。ちなみに、ネット企業は投稿内容などからユーザが今どういう気分にあるかも把握でき、もっとも効果的なタイミングで〝いいね！〟の数が増えたことを表示することもできます。

また、スマホでソーシャルメディアを見るときは、〝プル・トゥ・リフレッシュ〟（画面を下にスワイプして表示を更新する）という機能があります。これを使うと、画面を下にスワイプすると何が出てくるか、ユーザはワクワクします。自分がフォローしている人の新しい投稿かもしれないし、〝いいね！〟の数が増えているかもしれません。ユーザからすれば、どのような報酬が出てくるかが楽しみになるという点で、スロットマシンでレバーを引っ張るときと同じなのです。

ちなみに、フェイスブックの〝いいね！〟の機能を開発したジャスティン・ローゼンスタインも、〝プル・トゥ・リフレッシュ〟機能を初めて創り出したローレン・ブリクターも、自分たちが開発した機能は中毒性を持つ（addictive）と認めています。

だからこそ、例えばテキサス大学のエイドリアン・ワード准教授などが2017年に発表した研究によると、自分のスマホが手元にあるだけで、その電源をオフにしていても、人の認知能力は低下するそうです。

しかし、なぜソーシャルメディアにはこれらのような中毒性を持つ機能が必要なのでしょうか。ネットビジネスの構造が〝アテンション・エコノミー〟、つまり、ネット企業はより多くのアクセスやより長い滞在時間というアテンション（注目）を集めることによって広告を出す企業から多額の報酬を受け取れる仕組みになっているからです。

だからこそ、例えばソーシャルメディアは〝プッシュ通知〟の機能を使い、新しい投稿があったことなど最新の情報を頻繁にユーザに知らせ、ユーザのアテンションを常に引きつけようとしているのです。

このようにソーシャルメディア企業は、行動心理学などの知見に基づく中毒性の高い仕掛けとデザインを多用して、何億人、何十億人ものユーザが日々頻繁にソーシャルメディアを訪れるように仕向けています。そして、それは同時に、ソーシャルメディアがそれだけ多くの人の集中力を凄まじいまでに大きく削《そ》いでしまっているのです。

こうした状態に対する危機感を高める人は、ネットビジネスの総本山であるシリコンバレーでも増え出しています。例えば、元グーグル幹部のトリスタン・ハリスとジェイ・ウィリアムスは、多くの人の心は一握りのソーシャルメディア企業によってハイジャックされてしまっているという問題意識に基づき、"Time Well Spent"という団体を組織して啓発に取り組んでいます。

シリコンバレーのプロの自衛策

もちろん、だからと言ってソーシャルメディアだけを悪者にするつもりはありません。多くのウェブサイトや動画サイトも、ソーシャルメディアほどではないにしても、アテンション・エコノミーと化したネット上で生き残るためにユーザの注目を集める様々な策を講じ、結果としてソーシャルメディアと同様の影響をユーザにもたらしているのです。

それでは、ソーシャルメディアを筆頭とするネットが人の集中力をどんどん削いでいくのに対して、私たちはどのように抵抗して、集中力や深く考える力を取り戻せばよいのでしょうか。

ここで参考になるのが、ソーシャルメディアで人の集中力を削ぐツールを開発した人たちが、今はどのようにネットに向き合っているかです。

例えば、フェイスブックで〝いいね！〟を開発したジャスティン・ローゼンスタインは、今は自分のパソコンのOSに手を加えて、フェイスブックへのアクセスには制限を設け、またスナップチャットなどそれ以外のソーシャルメディアにはアクセスできないようにしている他、iPhoneはペアレンタルコントロール（子どもが望ましくないコンテンツにアクセスしないよう親が制限をかける機能）を使って、アプリのダウンロードをできないようにしているそうです。

また、ローゼンスタインと一緒に〝いいね！〟を開発したリー・パールマンは、ウェブ・ブラウザに手を加えてフェイスブックのニュースフィードを見られないようにして、かつソーシャルメディア・マネージャーを雇って彼女のフェイスブックのページをチェックさせ、自分は見ないで済むようにしているとのことです。

常習性の高いネットサービスを構築するテクニックを教えていることで有名なコンサルタントのニール・イヤールは、自宅には毎日決まった時間以降はルーターのネット接続を遮断するタイマーを入れて自分や家族がネット中毒にならないようにしており、また自分のスマホでは、一定の時間スマホに触らなかったらご褒美をもらえるアプリ（"Pocket Points"）を使っているそうです。

〝プル・トゥ・リフレッシュ〟機能を開発したローレン・ブリクターは、パソコンではウェブサイトのブロック機能を使ってソーシャルメディアの利用をかなり限定し、またスマホは夜7時に台所に置いて充電を始め、翌朝まで絶対に触らないようにしているそうです。

以上のように、ソーシャルメディアの中毒性を知り尽くしている米国シリコンバレーの専門家は、なんと物理的にそれらにアクセスできないようにすることで、その自らへの悪影響を防ごうとしているのです。この事実から、ソーシャルメディアの中毒性がいかに大きいか、そして人間がそれに対していかに脆弱《ぜいじゃく》かがよく分かるのではないでしょうか。

今の日本では、無意識のうちにネット中毒にかかってしまっている人がすごく多いと思います。ネット企業、ソーシャルメディア企業の戦略にまんまとはまってしまった結果です。しかし、だからと言ってもう手遅れということはありません。既に述べたように、脳は環境に適応するのですから、これからネットを使い過ぎないよう意識して努力し、それが新たな習慣になるようにすればよいのです。

そのためには、シリコンバレーの専門家のアプローチからも分かるように、物理的に自分をネットから一定時間は隔離するという、ネット中毒の人にとっては拷問のようなことも必要になるかもしれません。

実際、ネット中毒を防ぐ方法として米国で専門家が推奨しているやり方を見ると、ネット上で余計なウェブサイトなどを見ないよう、一定時間それらへのアクセスをブロックするソフトウェア（SelfControl、Freedom、StayFocusd、Anti-Social など）を利用する、というのがあります。仕事中はスマホの電源を切って、パソコンの画面だけで仕事をするようにする、というのもあります。

また、仕事中は、ネットにつながった状態でやるべきタスクのリストと、ネットにつながっていないオフラインの状態でやるべきタスクのリストの2種類を作って、それぞれに合った環境でタスクを行う、というのまでありました。

読者の皆さんの一人でも多くの方が、自分に合った方法を探してトライして、無意識のうちにかかってしまっている可能性があるネット中毒を克服してくだされば幸いです。それくらいにネット中毒はヤバいのです。

深く考える力をどう回復するか

最後に、深く考える力の低下を防ぐには、ネット上での〝浅い読み方〟ばかりに終始して脳がそれに慣れてしまわないよう、紙の本や新聞などを読むことを通じて〝深い読み方〟に使う時間を意識的に増やして、両者のバランスを取るようにするしかありません。

おそらく将来的にはどこかで、ネット上での情報の過剰摂取をコントロールできるようにするツールが生み出されると思います。

というのは、歴史を振り返ると、グーテンベルクの印刷技術によって大量の本が出版されて情報の過剰摂取が生じたときには、当時の先人たちが知恵を絞ってそれに対処するための新しいツールを生み出しているからです。例えば、その頃に、本を読みながら重要な部分などのメモを取ること（ノート・テイク）が教育の中で推奨され、本には索引がつけられ、様々な本の重要な部分を引用してまとめた参照本（レファレンス・ブック）が出版されました。今では当たり前のことばかりですよね。

この過去の経緯を踏まえると、ネット上での情報の過剰摂取に対処する方法もいずれ生み出されるはずです。実際、まだクオリティがかなり低いとはいえ、キュレーションサイトなどの新たなツールが現れています。ネットが普及してからまだわずか20年に過ぎないことを考えると、時間はかかるにしてもこれから色んなツールが出てくるはずなのです。

ただ、それはあくまでネット上での情報の過剰摂取に対応するものに過ぎず、仮に良いツールが出現したとしても、それで浅い読み方自体が深い読み方に変化するわけではありません。

深い読み方もできるようになるには、やはり自分で意識して取り組むしかないのです。

そのためには、例えば1日30分くらいでよいので、スマホ・パソコンを完全に遮断して紙の本の読書に没頭したり、書類を読んだりしながらじっくり考える時間を作るようにすべきではないかと個人的には思います。

更に言えば、これは米国でよく言われていることなのですが、都会にばかりいると街を埋め尽くす広告や喧騒《けんそう》など四六時中色んな刺激が多すぎて、深く考えることもなかなか落ち着いてできません。そこで、たまには都会の様々な刺激から隔絶された郊外や田舎の自然の中でゆっくりと時間を過ごすようにすることも、〝浅い読み方〟を忙しく続けて疲れた脳をリセットするには有効なようです。

第4節　スマホとネットの使い過ぎが惹起する三つの問題点

行動が受け身になっていないか

ここまで、ネットの使い過ぎがいかに人間の能力を低下させスキルアップの妨げになるかについて、集中力の低下と深く考える力の低下というもっとも憂慮すべき二つの問題を中心に説明してきました。

しかし、問題はそれだけにとどまりません。それらに加えて、特にスマホとネットの使い過ぎによる悪影響として三つの問題点を指摘できると思います。

第一は、スマホを使い過ぎると行動全般が受け身になりかねないということです。その根拠として二つの点を指摘できます。

一つ目は、マルチタスクの弊害です。既に述べたように、マルチタスクは4種類に分類できますが、人は仕事以外でスマホを使っているときは、無意識のうちに〝純粋なマルチタスク〟をやってしまっています。例えば〝歩きスマホ〟の場合で言えば、歩くという行為とスマホの画面を操作しながら一生懸命見るという行為を同時に行っているのです。

もちろん歩くという行為自体は特に考えなくてもできますが、それはあくまで障害物がない慣れた場所を歩くときだけの話であり、雑踏や通勤ラッシュの駅で周りの人や障害物をかわして歩くというのは、周りにある程度の注意を払わないとできません。つまりスマホをいじりながら同時に雑踏の中を歩くという純粋なマルチタスクは、本来は不可能なことなのです。

ちなみに、例えば車を運転しながらスマホを使ってハンズフリーで電話するという〝純粋なマルチタスク〟はやっているぞと思う人もいるかもしれませんが、ハンズフリーであろうがスマホを持ってであろうが、スマホで電話をしながらの運転は飲酒運転と同じくらい危険であることは、既にユタ大学の心理学者デビッド・ストレイヤー教授が２００６年に行った実験によって証明されています。

その本来は不可能なことを無理にやっているからこそ、〝歩きスマホ〟の最中は歩くペースがすごく遅くなるのです。だから〝歩きスマホ〟は周りに迷惑なのですが、問題は、人間の脳や体は同じ行動パターンが続くほどそれを覚えてしまうので、〝歩きスマホ〟ばかりやっていると、〝歩きスマホ〟をしていなくても歩くペースは遅いのが当たり前になってしまうことです。

二つ目は、スマホ上での人の行動は基本的に受け身だということです。スマホを使っていると、ウェブサイトを見たり、ソーシャルメディアをチェックしたり、ＬＩＮＥで会話したり、ゲームをしたりと、能動的に自らの行動を決めているように思えますが、実際は受け身の要素がかなり大きいと言えます。

そもそもスマホでウェブサイトやソーシャルメディアを見るとき、多くの人はお気に入りに登録してあるところや決まったアプリを機械的にぐるぐると回遊するだけです。様々なウェブサイトやソーシャルメディアから頻繁に来る〝プッシュ通知〟にせかされて行動している場合もかなり多いです。また、インスタグラムにしても流行りのゲームにしても、流行して周りがやっているからという理由でやる人も多いと思います。

これらの行動は、決して能動的とは言えないのではないでしょうか。ちなみに、ゲームをやっているときは能動的に頑張っていると思う人もいるかもしれませんが、それも基本的にはゲーム側から与えられたシナリオの範囲内で行動している受け身なものです。

このように受け身の要素が多い行動ばかりしていると、やはり脳がそうしたパターンに慣れてしまうので、スマホを使っていない場合でも行動が受け身になりかねません。

この二つの影響からか、多くの人の行動が受け身で遅くなっているように見受けられます。

例えば、20年前と比べると電車の乗り降りにすごく時間がかかるようになっているように感じます。〝歩きスマホ〟が多いことはもちろんですが、観察していると、電車の座席に座っていてスマホを使っていない人でも、自分が降りる駅に着いてドアが開いてしばらくしてから気がついて座席を立つ人も増えています。明らかに電車の乗り降りの行動が遅くなっているのです。

だからでしょうか、新幹線では最近、駅に着く前に〝次の駅では停車時間が短いから早めに降りる支度をして速やかに降りるように〟という趣旨のアナウンスが流れるようになりました。

また、車を運転していて、例えば20年前と比べると、高速道路でも前の車との車間距離を必要以上にかなり空ける人が多くなっているように見受けられます。これも気になって追い抜くときに観察してみると、スマホをいじっているためと思われる人も多いのですが、スマホをいじっていない人でもかなり車間距離を空けていることが多く見受けられます。

こうした例を見ていると、スマホの使い過ぎで行動が受け身になっている人が意外と増えているのではと心配になります。というのは、行動全般が受け身になると、仕事の場では〝指示待ち〟の状態になってしまう可能性が高いからです。自分の頭で能動的に考えることなく指示待ちが当たり前になってしまっては、自分の将来を自分で考えて戦略的にスキルアップすることなどできないでしょうし、そうなると自分の収入を増やすことも難しくなってしまいます。

ただ、行動が受け身の人が周りで増えているということは、皮肉な言い方をすれば、ちょっと頑張るだけですぐに抜きん出た存在になれるということも意味しています。今の時代はまともに頑張る人にとっては成功のチャンスが大きくなっているとも言えるのです。だからこそ、自分はスマホの使い過ぎで行動が受け身になっていないか、一度注意してチェックしてみてはいかがでしょうか。

貴重な〝ボーッとする時間〟がなくなっていないか

第二は、スマホの使い過ぎでボーッとする時間、退屈な時間が極端に減ってしまったということです。

私は、ボーッとしているときにふと良いアイディアを思いつくことが結構あります。読者の皆さんの中にも、そうした経験をお持ちの方は意外と多いのではないでしょうか。

それは偶然ではありません。理屈っぽく言えば、何もすることがなくてボーッとしているときほど、色んなことを思い出したり考えたりできるので、その過程で無関係の事象を関連づける、連想を働かせる、直感を働かせるといった作業を通じて新しいアイディアが生まれるからです。

例えば米国の実験社会心理学の学会誌（Journal of Experimental Social Psychology）が2014年に行った研究では、人は退屈なときほど面白いと思えることを探すので、センセーショナルなことを考えつく傾向があると結論づけられています。退屈なときほど人は拡散的に考えがちなので、結果としてクリエイティブで新しいアイディアを思いつくのです。

つまり、ボーッとする時間、退屈な時間というのは、クリエイティブなアイディアを思いつく、即ちどんな仕事でも重要となっているクリエイティビティを高めるためには大事な時間でもあるのです。

ところが、スマホがその大事なボーッとする時間をどんどん埋めてしまっているのです。スマホがあれば24時間いつでもどこでもネットにアクセスして、空いた時間があれば楽しいコンテンツやソーシャルメディアで暇つぶしが可能です。通信事業者やコンテンツ企業も、そうした暇な時間に使ってもらおうと、動画やゲームなど多種多様なサービスを提供しています。

しかし、いくらそれらのサービスが面白いからといって、それに乗せられてボーッとする時間をまったくなくしてしまっては、自分の能力を高める、成果を出すという観点からはあまりにもったいないと思います。

私は、例えば電車に乗っているときは極力スマホを見ずに敢えてボーッとするように心がけているのですが、読者の皆さんも、1日のうち短時間でいいから、スマホから離れてボーッとする退屈な時間を作るようにしてみてはいかがでしょうか。

人間の本性が剥き出しになっていないか

第三は、これはあまり重要ではありませんが、スマホが人間の本性を剥《む》き出しにしてしまったということです。

スマホが普及して10年経ちましたが、そのおかげで人間の様々な本性が明らかになったと思います。具体的に幾つか列挙しますと、

・人間は基本的に集中力がない。ツイッターの流行は人間の集中力が140文字程度しか続かないことを示し、絵文字やインスタグラムの流行は、人間は文字よりも一瞬で認識でき

るものの方が好きであることを示している

・人間は自分が大好きである。だからこそ、スマホでの自撮りが異常なまでに普及・流行している

・人間は見栄っ張りで、人によく見られたいし自慢したい。ソーシャルメディアでリア充の写真や美味しいものの写真をたくさん投稿する風潮がそれを示している

・人間は他人、特に知り合いが何をしているのかが気になる。ソーシャルメディアの流行、そして多くの人が他人の書き込みを一生懸命チェックしていることがそれを示している

・人間は有名人のゴシップが大好き。ネット・ニュースでのアクセスランキングを見ると、それがよく分かる

・人間は勧善懲悪の構図が大好き。しかも、そこでは常に自分を〝善〟の立場に置きたがる。だからこそ、政治家や芸能人の不祥事が起きるとネット上では凄まじい非難の声が渦巻くし、犯罪や問題行為をした人への〝ネット・リンチ〟も頻繁に起きる

・人間は基本的にスケベである。米国ケース・ウェスタン・リザーブ大学の2015年の研究によると、男性の87％、女性の34％が定期的にネット上でアダルト動画を見ており、ネット全体のトラフィック（情報伝送量）のなんと13％がアダルト関連とのことである

もちろん、これらの現象自体は人間のもともとの本性ですからしょうがないと思います。だからスマホやネットを使うなと言う気もありません。ただ、問題は、長時間使い過ぎてそれらの本性を四六時中剝き出しにするのが当たり前になってしまっては、ロクなことがないということです。

特に個人的に気になるのは、やはり集中力です。既に説明したように、歴史的には人間はもともと集中力がなかったのですから、ツイッターでの短い文章や絵文字、インスタグラムでの写真での表現ばかりに慣れてしまって、ロジカルにかつ分かりやすく表現・説明する能力が低下してしまっては、仕事に大きな支障が生じてしまいます。

文明の歴史は、ある意味で人間がそれらの本性を徐々に覆い隠して、社会の一員として望ましい振る舞いを身につけるプロセスであったと言うこともできると思います。

人間は社会的な存在なのですから、それ相応に求められる恥じらい、自己抑制、自己鍛錬といったものを、スマホとネットを日常的に使いこなしつつも常に忘れないようにすることも大事ではないでしょうか。単に仕事に必要な知識や技術を身につけることだけではなく、人間性の成長も大事なスキルアップの一つなのです。

第5節 子どもの教育でも要注意

集中力、深く考える力は子どもにも不可欠

以上述べてきたように、ネット、スマホ、パソコンは人間の能力を低下させるリスクを持つからこそ、子どもを持つ方は、自分がそれらを使い過ぎていないか注意するのみならず、子どもへの教育という観点からも問題意識を持つようにしていただきたいと思います。

物心ついた頃からネット、スマホ、パソコンが当たり前の環境で育った1990年代生まれ以降の若者世代は〝デジタルネイティブ〟と呼ばれるくらいですので、子どももネットやデジタル機器を使いこなせて当然、学校教育でもネットとデジタルのフル活用が当たり前、と考えられがちです。

確かに、これまでの学校教育は先生が教える知識の記憶、与えられた問題に対する唯一の正解の導き出し方の習熟が中心でしたが、必要な知識はネット上で調べられ、また様々な構造変化の進展により変化が激しくなり価値観も多様化する中では、こうした教育だけでは時代遅れと言わざるを得ません。

従って、教育のあり方が大きく変わらなければならないのは当然ですが、その方向性は、時

代の変化の方向性を考えると、第4章でも触れたように、子どもの三つの能力、具体的には、

・自分で問題を発見・設定できる能力
・クリエイティブな問題解決を考える能力
・問題解決に不可欠なコミュニケーション能力

を強化する必要があります。

そして、これらのうち、子どもの問題設定能力とクリエイティブな問題解決能力を強化するには、子どもが小さいうちから本章でしつこく説明してきた集中力と深く考える力を身につけられるよう、日常生活のレベルから親が配慮する必要があると思います。

というのは、人間は自然に集中力や深く考える力を身につけられるわけではないからです。例えば、子どもは特に教えなくても話すことと聞くことはできるようになりますが、文字を書くことは教えられて練習をしないとできるようになりません。

それと同様に、集中することや深く考えることも訓練を通じてしか身につきません。太古の祖先から引き継いできた人間のDNAには、文字を書く、集中する、深く考えるといった要素は埋め込まれていないと考えるべきなのです。

そのように考えると、人生で初めて集中したり深く考えることを学ぶべき子どもの頃にネット、スマホ、パソコンを自由にずっと使わせるのは、明らかに良くないと思います。

子どもにそれらを自由に使わせたら、遊びたい盛りですから、ソーシャルメディア、YouTubeなどの動画サイトといった、特に中毒性の高いものばかりを見て、またゲームばかりをすることになりかねません。これまでずっと説明してきたことからも明らかなように、それを放置していたら、子どもの頃に集中力や深く考える力を身につけられないことになります。そうなったら、大人になって仕事をする段階で間違いなく苦労することになります。

学校教育でのデジタル機器の使い過ぎは逆効果

学校教育でも同じことが言えます。ネットやデジタルが当たり前の時代だからやむを得ませんが、子どもの教育へのデジタル機器の導入も盛んで、タブレット型端末などの授業での活用もかなり行われています。また、２０２０年からは小学校でプログラミング教育が必修となります。

プログラミング教育は、将来的に深刻な人材不足となるＩＴ技術者の育成の観点のみならず、子どものロジカルな思考能力を鍛える観点からも重要であることは間違いありません。しかし、例えば授業でタブレット型端末をずっと使ったりネットで調べ物をさせるというのは、子どもの能力を高める観点からは逆効果となる可能性もあると思います。

というのは、子どもの集中力や深く考える力を高める観点からは、どんどん画面が変わっていくデジタル端末よりも、先生が黒板に書くことや説明に集中する方が効果的だからです。コミュニケーション能力の強化という観点からも、デジタル端末の画面を通じたコミュニケーションよりも、先生が介在する中で子どもたちに議論させる方が良いはずです。

ちなみに、国際機関OECDが加盟国である先進国を対象に調査を行ったところ、タブレットやパソコンを頻繁に使って教育をしている小学校の生徒の学力は、それらを適度に活用している小学校の生徒よりも劣っていました。

また、デジタルとネットの総本山である米国のシリコンバレーでは、ネット企業やIT企業の幹部の人たちが子どもを通わせたがるもっとも人気のある学校は、タブレットやパソコン、スマホなどのデジタル機器の使用を禁止し、鉛筆と紙などアナログな道具ばかりを使って幼稚園から中学校までの教育を行っている学校（Waldorf School of the Peninsula）です。実際、第3節で紹介したシリコンバレーの有名人の多くも子どもをこの学校に通わせているそうです。

この学校は、デジタル機器はクリエイティブな思考、人間の交流、注意力の持続などを阻害するとの考えの下で、体を使った行動、クリエイティブな手作業を通じた学習を重視しています。おそらくデジタルやネットに精通した人ほどネット、スマホ、パソコンの問題点を理解しているからこそ、自分の子どもはそれを使わない学校に通わせているのではないでしょうか。

以上のように考えると、子どもを持つ親は、子どもをネットやデジタルの弊害からいかに守って集中力や深く考える力を身につけさせるかを強く意識すべきではないかと思います。

ちなみに、そう思うのは、私自身が7歳と5歳の子どもの親だからです。私もかつてはネットやデジタルの弊害についての問題意識が薄く、数年前までは子どもがタブレットやスマホを使ってYouTubeでアニメの動画ばかり見て、またゲーム機でゲームばかりしているのを放置していました。その方が子どもに手がかからないので、親としても楽だからです。

しかし、ある日YouTubeをボーッと見ている子どもの表情、落ち着きなくどんどん新しい動画に切り替える姿、ゲーム機でゲームをずっとやっている姿を見て危機感を持ち、自分なりに脳科学や心理学などの文献をかなり調べた結果、今はスマホやタブレット、ゲーム機を使って遊んでいいのは1日15分までというルールを設定しています。このルールを破ったら端末を没収してしばらくデジタルなしの生活をさせています。

もちろんこのやり方が絶対に正しいと言う気はありません。当然子どもは不平不満を言います。しかし、子どもの能力を伸ばして将来ちゃんと稼げる大人になれるように育てるためには、子どもの頃にこそネットやデジタルへの正しい接し方を教えるのが親としての責任の一つではないでしょうか。

そう考えると、親の立場にある大人がネット中毒、スマホ中毒にかかってしまっているのは、余計なお世話とは思いつつもすごく心配になります。

例えば、新幹線に乗っていると、子どもを車中で静かにさせるためでしょうが、親が子どもにスマホを与えてずっと見続けさせているのを見かけることがあります。また、子どもの前で親がずっとスマホをいじっている姿もよく見かけます。しかし、これらは親としては最悪の行いだと思います。親の責任放棄です。親が率先して子どもの集中力を低下させ、深く考える力を低下させてはダメです。

しつこくて申し訳ありませんが、デジタル化とグローバル化の時代を生き抜くためには、集中力と深く考える力は不可欠です。でも、それらの力の強化をもっとも邪魔するのがデジタルであるというのが現実なのです。

ネットやデジタルの専門家の人たちは、ネットやデジタル端末のすごさ、それがいかに世の中を変えるか、といった良い面ばかりを喧伝します。もちろん、それらには多くの真実も含まれていますが、そうした人たちはそもそもネットやデジタルが大好きな人たち、かつ自らが主にネット上で活動する人たちばかりなので、やはりバイアスがかかっています。そうした意見に惑わされず、自分と子どもの双方の集中力と深く考える力を強化するにはどうすればいいか、自分の頭でしっかり考えるようにしなければいけないのではないでしょうか。

あとがき

本書の内容は、実は様々な場所で行っている講演で話している中身を体系的に整理したものです。日本全国色々なところで、少しでも多くの人に〝健全な危機感〟を持ってもらおうと思って、機会があれば講演させていただいているのですが、ある日ふと、なぜ自分は多くの人に健全な危機感を持ってもらいたいと思うのか、考えたことがあります。

その結論は、おそらく私自身がかつてはすごい貧乏生活を経験したからではないかと思っています。私が中学2年のときに両親が離婚し、それ以降は母が女手一つで姉と私を育てたのですが、何の働くスキルも持たず、行政の支援策も知らず、かつ親類を頼るのを嫌った母は、今でいう非正規雇用で職を転々としながら、姉と私を育ててくれました。

当然ながら当時の生活はかなり大変で、中学・高校時代は家族3人で8畳一間のアパートで生活し、奨学金で都立高校に通いました。浪人したときの予備校に通う費用は母が着物を売って捻出しました。大学は、経済的理由から4年間授業料が免除となったので、奨学金とアルバイトで家計を助けつつ卒業することができました。

私が社会人になって人並みに稼げるようになると、生活も多少は楽になりましたが、85歳の母はずっと非正規で働いてきたので無年金の状態です。今は重度の認知症も発症しているので、介護をしている姉の分も含め、私が金銭面の面倒を見ることで何とか生活できています。

別に貧乏自慢をする気はまったくありません。ただ、今になってすごく貧乏だった頃を思い返すと、当時は自分も子どもだったからやむを得ないとはいえ、あのときの母や私に経済に関する知識や稼ぐための知恵があったら、生活はもうちょっと楽だったのではと思うことがあります。

ところで、2016、17年と米国では〝ディストピア〟(暗黒郷)という言葉が流行りました。第4次産業革命で人間の仕事が機械に奪われ、いずれ人間が機械に支配されてしまうのではという心配から、そして反グローバルを掲げるトランプ氏が大統領になったことから、米国の将来は大丈夫かという危機感が高まったからで、私が20年来追っかけをしているドリーム・シアターというメタルバンドも、ディストピアをテーマにしたアルバムをリリースしたくらいでした。

こうした米国の動きを見ていて、ちょっと大げさだよなあと思っていましたが、よく考えると、日本の2020年以降は、経済の低迷や社会保障制度の限界などから、別の意味でディストピアに近い状態になる可能性もあることは否定できないのではないでしょうか。

そう考えると、昔の我が家のように収入が増えず家計不安に悩んでいる人、年金の少なさなどから将来不安に悩んでいる人、母子家庭で孤軍奮闘しているお母さんなど、一人でも多くの恵まれない立場の人たちに、まず日本経済の問題点を理解して〝健全な危機意識〟を持っていただき、次に日本経済に余裕がある2020年までに、最悪の場合に備えて早めに自分や家族を守るための対応策に取り組んでもらいたいと心底願っています。そして、本書が多少でもその手助けになれば、これほど嬉しいことはありません。

最後に白状しますと、実はこの本は数年前に出版されているはずでした。私が自分でも信じられないくらいに遅筆である（正確には、まさに第6章で説明したネットの悪影響で集中力が落ちて遅筆になってしまった）ことに加え、他の仕事があまりに忙しかったために、スケジュールが延び延びになって今回ようやく出版に漕《こ》ぎ着けたのです。

それができたのも、原稿がまったく進まないのにキレることもなく、辛抱強く私をせかし続けてくれた幻冬舎の木原いづみさんのお陰です。また、木原さんの後任として私の担当になってくださった長濱良さんには、本書の仕上げの段階で励まされ続けました。この場を借りて心から御礼を申し上げたいと思います。

また、妻の京子、7歳の幸蔵、5歳の幸穂、認知症の母・美津子、その面倒を見てくれている姉・洋子は、私が仕事ばかりしてあまり家庭や母のことを顧みないにも拘わらず、文句も言わず好き勝手にさせてくれました。家族のみんなの理解（または諦め？）がなかったら、本書も日の目を見なかったと思います。最後にこの場を借りて、我が家族にも感謝したいと思います。

著者略歴

岸 博幸《きしひろゆき》

一九六二年東京都生まれ。
一橋大学経済学部卒。
八六年、通商産業省（現・経済産業省）入省後、
コロンビア大学経営大学院にてMBAを取得。
二〇〇一年、竹中平蔵大臣（当時）補佐官、〇四年以降は政務秘書官に就任。
同大臣の側近として、構造改革の立案・実行に携わる。
九八〜〇〇年に坂本龍一氏らとともに設立した
メディア・アーティスト協会（MAA）の事務局長を兼職。
〇六年経産省を退官。
現在、慶應義塾大学大学院メディアデザイン研究科教授、
エイベックス・グループ・ホールディングス顧問などを兼任。
永田町、霞が関、地方自治体での政策立案や
総合格闘技団体RIZINの運営などにも携わる。

幻冬舎新書 483

オリンピック恐慌

二〇一八年一月三十日 第一刷発行
二〇二一年七月十五日 第二刷発行

著者 岸 博幸

発行人 見城 徹
編集人 志儀保博
発行所 株式会社 幻冬舎
〒一五一-〇〇五一 東京都渋谷区千駄ヶ谷四-九-七
電話 〇三-五四一一-六二一一(編集)
〇三-五四一一-六二二二(営業)
振替 〇〇一二〇-八-七六七六四三
ブックデザイン 鈴木成一デザイン室
印刷・製本所 株式会社 光邦

Printed in Japan ISBN978-4-344-98484-4 C0295
き-1-2
幻冬舎ホームページアドレス https://www.gentosha.co.jp/
＊この本に関するご意見・ご感想をメールでお寄せいただく場合は、comment@gentosha.co.jp まで。